国家・地方上級・特別区対応

公務員試験の教科書

2025年度版

論文本

公務員のライト専任講師
ゆうシ著

もくじ

1 試験分析

2 論文の書き方

3 重要テーマ 21

ライトの「論文本」の特長

YouTube 公務員カテゴリーで日本トップレベルの人気を誇る「**公務員のライト**」のカリスマ講師**ゆうシ先生**による待望の論文対策本です。多くの受験生の**欲しい**をカタチにした論文対策本です。これ一冊で公務員試験で**トップ 20%**に入る合格論文を書くことができます。

● 論文試験を徹底分析

公務員試験の論文を徹底分析し、毎年のように出題される「**頻出テーマ**」や「**各試験のポイント**」を分かりやすく解説していきます。情報戦が重要になる公務員試験で、周りのライバルに圧倒的な差をつけるための情報を短時間で学ぶことができます。

● 論文のルールと型を徹底解説

多くの受験生が悩む「**論文のルール**」や「**論文の型**」について、分かりやすく解説していきます。特に、これまで 7000 通を超える論文試験を添削して「**高評価を取る方法**」を「**型**」にした、ゆうシ先生の「**4 ブロック法**」を身に付けて頂きます。

● 重要テーマ 21 について合格記載例と内容解説

毎年のように論文試験で出題されるテーマや、最低限度押さえておいて欲しいテーマなど、21 個のテーマについて「**合格記載例**」と「**分かりやすいカラー図解**」があります。これによって、何が出題されても高評価を取れるチカラを身に付けて頂きます。

●「ライトのアプリ」との連動

公務員のライトの専用アプリである「**ライトのアプリ**」を活用しましょう。このアプリには、**時事対策**として **300 問**を超える**最新時事問題**や、随時アップデートされる**論文試験データベース**があります。ライトのアプリを使ってスキマ時間をうまく活用していきましょう。

● フルカラーの詳しい図解

本書は「**わかりやすい図解**」にこだわっています。多くの受験生が感じる「用語の意味がわからない」「全体の流れがイメージしづらい」「文章だけでは理解しづらい」という悩みを解消するために、本書では、**図や表**、**イラスト**を多く使うことで、記憶に残りやすく、理解しやすいように工夫しています。

書籍連動
サービスを
フル活用!!

総ダウンロード数 60,000以上！

公務員受験生
みんな
使ってる！

ライトのアプリ
ユーザーレビュー726件で驚異の評価「4.8」

チェックポイント① 過去問５年分収録

国家一般職　国税専門官　東京都庁
特別区　政令市　市役所
警視庁　東京消防庁　海上保安官
労基・財務　刑務官

これらの過去問全て

1930年代から1980年代までの国際通貨等の動向に関する記述として最も妥当なものはどれか。（2020国一般大卒）

× 1. 1930年代には世界恐慌の影響による不況への対策として、各国は、輸入品を安く大量に獲得するための激しい為替の切上げ競争を行った。この結果、為替相場も乱高下し世界貿易は不均衡となったため、各国は金本位制を導入し為替相場の安定化を図った。

1. 世界恐慌の対策として導入されたのは、当局の裁量で通貨を発行する管理通貨制度である。

チェックポイント② 予想問題 300 問以上収録

DX	財政	環境
社会問題	社会保障	法改正
国際政治・経済	労働	
日本政治・経済	文化・科学・教育	**全10分野**

➡ **全て無料で計 300 問以上収録!!**

「時事本」と完全連動で成績UP!!

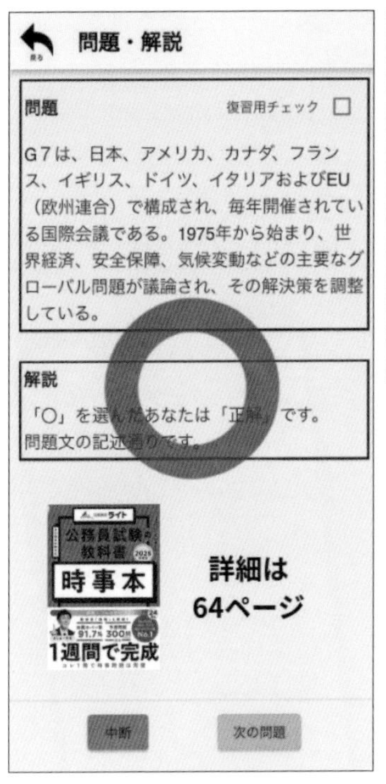

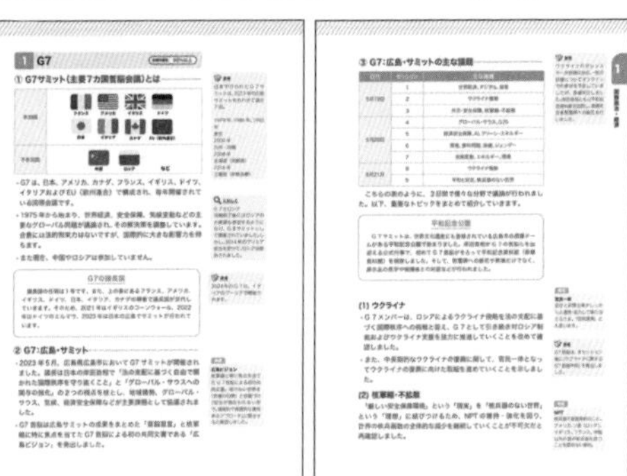

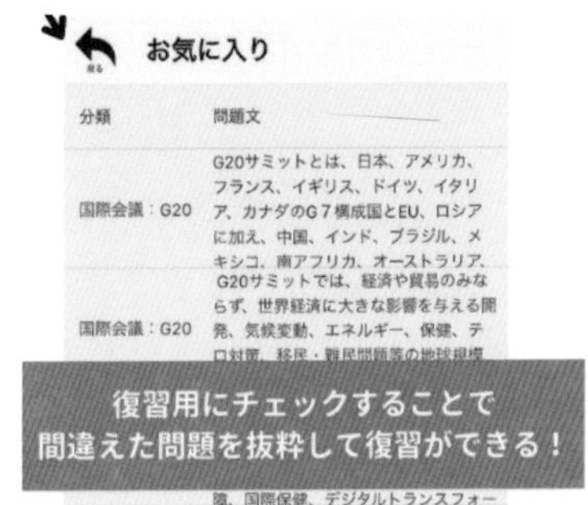

公務員のライト コンテンツ一覧

公務員カテゴリー
LINE 登録者数 No.1

❶読者特典プレゼント

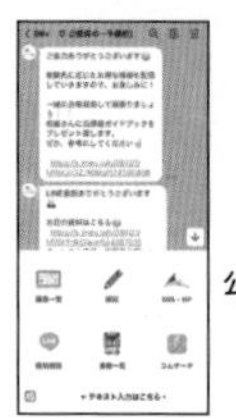

公務員試験を徹底解説した
ガイドブック
プレゼント

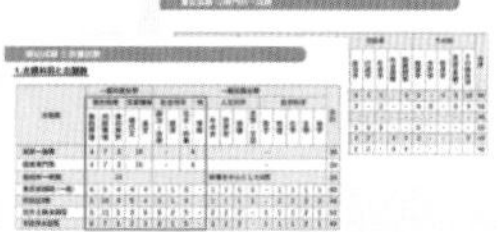

❷登録者限定の情報発信

・過去問 11 年の分析表
・自己分析シート
・試験制度変更資料
・時事レジュメ

LINE 登録者限定
超有料級資料
無料プレゼント

など、ライバルに圧倒的な差をつけられる
公務員のライトオリジナル資料を定期配信しています！

YouTube

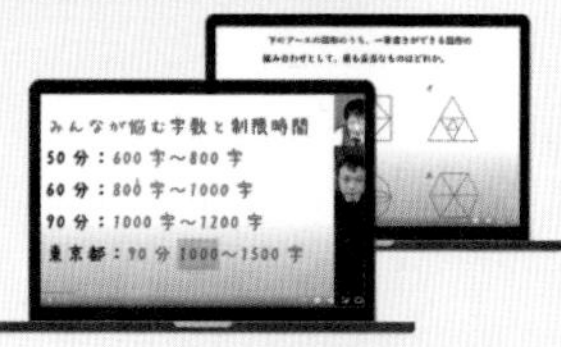

公務員試験は
YouTube で合格る時代

チャンネル登録数
公務員カテゴリー No.1

チャンネル登録者数 36,000 名以上 !!

公務員試験合格に必要な情報を配信しています！筆記試験対策や時事対策、論文の書き方、面接の答え方など、公務員試験最強攻略法をお届けしています。

Twitter (x)

公務員試験の
最新情報お届け！

フォロワー数
公務員カテゴリー No.1

総フォロワー数 18,000 名以上 !!

公務員試験の最新情報や超有料級の情報を配信しています！公務員試験合格のためには情報がカギとなります。試験日程や試験制度変更など、受験生に耳寄りな情報を提供しています！

※ SNS のフォロワーや登録者数などの数値は 2023 年 12 月時点のものです。

1

試験分析

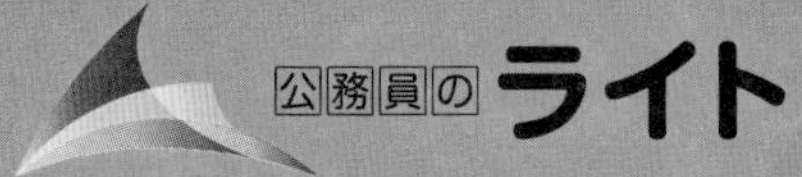

国家一般職の論文試験

① 論文試験の概要

実施日	基礎能力試験と同日（概ね６月）	公務員のライト データベース
試験時間	60 分	
記入方法	シャープペンシル・鉛筆	
答案用紙	• 1 枚両面（32 字× 28 行） 答案用紙(記述・論文)　※印の欄は記入しないでください　第1次試験地　試験の区分　受験番号　氏名	
字数規定	• 字数規定はない。 • 多くの受験者は 700 ～ 1000 字程度で記載している。	
配点比率	約 11%	
採点	• **満点６点、基準点３点**である。 • **基準点３点未満**を取った人は、他の科目の点数に関わらず**足切り不合格**となってしまう。 • 公務員のライトのアンケート調査結果から、足切りの理由として考えられることは、問いや指示に従ってない、資料を無視している、過激な主張やバランスを欠いた内容などが挙げられる。詳しくは、試験の特徴で説明する。	
得点分布の推定割合	• 公務員のライトのアンケート調査結果から、得点の分布を推察したものである。「**得点分布の推定割合**」を見てもらうと、６点を取るのは全体の約４%と少なく、多くの受験生が４～５点を取っているのが分かる。また、３点未満で足切り不合格となった受験生は、全体の約８%程度である。 得点分布 推定割合 6 点　5 点　4 点　3 点　2 点以下　50%　100% ※ 得点分布は、受験年度によって変わることもあるため、あくまで参考としてください。	

試験の特徴	・国家一般職の論文試験で重要なことは、持っている知識をただやみくもに書いたり、誰も思いつかないような突拍子のない考えを書くのではなく、あくまで、試験現場で与えられた「**資料**」を参考にしながら「**問題文の指示**」に従って記載していくことである。 ・例えると、論文試験は、国家公務員のあなたに与えられた最初の仕事だと考えてみよう。すると「**問題文の指示**」は、直属上司による「**仕事の進め方の指示**」である。もしこの「**指示**」を無視して、自分の考えだけで仕事を進めてしまうと、上司の「**指示**」を無視したとして評価は下がってしまう。 ・その反面、国家一般職の論文試験は、特別な専門知識が無くても、問題文の誘導や資料をもとに、現場思考で十分書くことができる。特に、問題文の指示に従いながら制限時間内で最後まで記載することが重要となる。 ・国家一般職の論文試験の「**問題文の指示**」は**2つ**あり、**問い (1)、(2) に答えること**、**資料を参考にする**ことである。 ・**問い (1)、(2) に答える**とは、国家一般職の論文試験には、問 (1)、問 (2) があり、問 (1) では「**意義**」「**必要性**」「**課題**」について、問 (2) では「**具体的な取組（施策）**」について記載するように「**指示**」がある場合が多い。なお、これらの用語の意味については、36 ページで解説している。 ・**資料を参考にする**とは、国家一般職の論文試験では２～３つの「**資料**」が添付されており、これを参考にするように「**指示**」がある。なお、資料は、書くべき内容の**ヒント**や**誘導**になっている場合が多い。

② 実際の過去問（2023 年）

我が国においては、文化財の滅失や散逸等の防止が緊急の課題であるとされ、茶道や食文化などの生活文化も含め、その保護に向けた機運が高まってきている。文化財保護法については、平成 30 年に、地域における文化財の総合的な保存・活用や、個々の文化財の確実な継承に向けた保存活用制度の見直しなどを内容とする改正が行われ、また、令和３年に、無形文化財及び無形の民俗文化財の登録制度を新設し、幅広く文化財の裾野を広げて保存・活用を図るなどの改正が行われた。

このような状況に関して、以下の資料①、②、③を**参考**にしながら、次の⑴、⑵の問いに**答えなさい**。

⑴　我が国が文化財の保護を推進する**意義**について、あなたの考えを述べなさい。
⑵　我が国が文化財の保護を推進する際の**課題**及びそれを解決するために国として行うべき**取組**について、あなたの考えを具体的に述べなさい。

資料① 文化財保護法における「文化財」の種類とその対象となるもの

有形文化財	・建造物、絵画、彫刻、工芸品、書跡、典籍、古文書その他の有形の文化的所産 ・考古資料及びその他の歴史資料
無形文化財	・演劇、音楽、工芸技術その他の無形の文化的所産
民俗文化財	・衣食住、生業、信仰、年中行事等に関する風俗慣習、民俗芸能、民俗技術及びこれらに用いられる衣服、器具、家屋その他の物件
記念物	・貝づか、古墳、都城跡、城跡、旧宅その他の遺跡 ・庭園、橋梁、峡谷、海浜、山岳その他の名勝地 ・動物、植物、地質鉱物
文化的景観	・地域における人々の生活又は生業及び当該地域の風土により形成された景観地
伝統的建造物群	・周囲の環境と一体をなして歴史的風致を形成している伝統的な建造物群

（出典） 文化財保護法を基に作成

資料② 生活文化等に係る団体※のアンケート調査結果

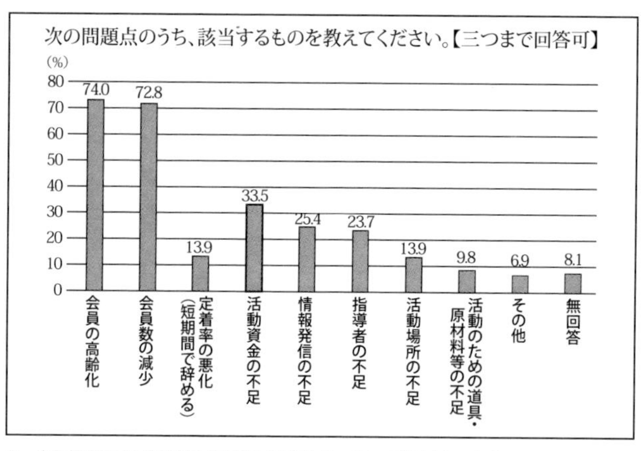

※ 文化芸術基本法第３章第 12 章に「生活文化」として例示されている「華道・茶道・書道・食文化」をはじめ、煎茶、香道、着物、盆栽等の専ら生活文化の振興を行う団体等

（出典）文化庁「平成 29 年度生活文化等実態把握調査業務報告」を基に作成

資料③ 文化財多言語解説整備事業の概要

訪日外国人旅行者が地域を訪れた際、文化財の解説文の表記が不十分であり、魅力が伝わらないといった課題が指摘されることもあります。文化庁では、文化財の価値や魅力、歴史的な経緯など、日本文化への十分な知識のない方でも理解できるように、日本語以外の多言語で分かりやすい解説を整備する事業として、「文化財多言語解説整備事業」を実施しています。多言語解説として、現地における看板やデジタルサイネージに加えて、QR コードやアプリ、VR・AR などを組み合わせた媒体の整備を積極的に支援しており、これより訪日外国人旅行者数の増加及び訪日外国人旅行者が地域を訪れた際の地域での体験滞在の満足度の向上を目指すものです。

これまで平成30年度から令和２年度までの３年間で 124 箇所を整備済みであり、令和３年度末までには 175 箇所となる予定です。

（出典） 文化庁「文化庁広報誌 ぶんかる」（2021 年 11 月 11 日）を基に作成

③ 国家一般職の過去問

2023 年の問題	
テーマ	文化財の保護
小問 1	文化財を保護する**意義**
小問 2	文化財保護を推進する際の**課題**とそれを解決するための**取組**

2022 年の問題	
テーマ	カーボンニュートラル
小問 1	カーボンニュートラルが**必要な理由**
小問 2	カーボンニュートラルを達成するための**課題**と行うべき**取組**

2021 年の問題	
テーマ	子どもの貧困
小問 1	子どもの貧困の現状とその**影響**
小問 2	子どもの貧困問題に取り組む上での**課題**

2020 年の問題	
テーマ	健康寿命の延伸
小問 1	健康寿命の延伸の**必要性**
小問 2	健康寿命の延伸を阻害する要因と必要な**取組**

2019 年の問題	
テーマ	キャッシュレス化
小問 1	キャッシュレス化の**必要性**
小問 2	キャッシュレス化を推進するために必要な**取組**

2018 年の問題	
テーマ	生産年齢人口の減少
小問 1	生産年齢人口減少による**課題**
小問 2	小問 1 で挙げた課題を解決するための**取組**

2017 年の問題	
テーマ	観光
小問 1	観光立国の実現を推進する**必要性や意義**
小問 2	観光立国の実現を推進するために行うべき**施策**

2016 年の問題	
テーマ	食育
小問 1	若い世代の食生活の**問題点や課題**
小問 2	若い世代が食育に興味や関心をもつための**施策**

2015 年の問題	
テーマ	言葉
小問 1	言葉の果たす**役割**
小問 2	言葉についての関心を喚起し理解を深めるための**施策**

2014 年の問題	
テーマ	教育
小問 1	社会の変化とその背景、それに対応するため育成を図るべき**能力**
小問 2	初等中等教育において必要な**取組**

2013 年の問題	
テーマ	震災と科学技術
小問 1	東日本大震災が科学技術の各分野や科学技術政策に投げかけた**課題**
小問 2	小問 1 で挙げた課題を解決し、科学技術を振興していくための**取組**

2012 年の問題	
テーマ	生活保護
小問 1	生活保護制度に関する自身の考え
小問 2	生活保護受給者数が急増している要因と生活保護制度を効果的効率的なものとするための**施策**

地方上級の論文試験

① 試験の特徴

- **制限時間**や**規定文字数**については、自治体によって異なるので、募集要項やホームページ、公務員のライトのデータベースなどでチェックしておこう。

- 都道府県や政令市の論文試験では、その多くが「**論文形式**」で出題されるが、市町村の論文試験では「**作文形式**」で出題される場合もある。
※「論文形式」とは、主に課題式論文のことで、おもに行政の施策や取組について問われる。「作文形式」とは、自分自身の経験や考えについて問われる。

公務員のライト
データベース

② 直近3年間の出題テーマランキング

都道府県庁	
1位	地方創生・地域の活性化
2位	自治体のDX 地域社会のデジタル化
3位	高齢社会対策・少子化社会対策
4位	行政課題全般
5位	女性の活躍
6位	地域コミュニティの活性化
7位	災害対策
8位	多文化共生社会の実現
9位	カーボンニュートラル
10位	その他の行政課題

政令市等	
1位	高齢社会対策・少子化社会対策
2位	自治体のDX 地域社会のデジタル化
3位	地方創生・地域の活性化
4位	行政課題全般
5位	災害対策
6位	多文化共生社会の実現
7位	カーボンニュートラル
8位	女性の活躍
9位	地域コミュニティの活性化
10位	その他の行政課題

- 直近3年間の都道府県と政令市の出題テーマランキングである。どちらも、似たような傾向にある。特に、頻出テーマの**上位3テーマ**については、しっかりと準備をしておこう。

- 「**行政課題全般**」というテーマは、問題文の問いが抽象的で、いろんな視点で書くことができるため、本試験で出題された際に、慌ててしまわないように準備しておこう。詳しくは、後述の「**行政課題全般**」で解説している。

- 上記以外のテーマについても、簡単にポイントをまとめておき、試験直前に見直すことで穴を無くそう。それでは、ここから**各出題テーマ**の「**ポイント**」と「**実際の過去問**」をみていこう。

テーマ：地方創生・地域の活性化

テーマのポイント	「少子化による人口減少」と「若い世代の人口流出」が進むと、地域社会の持続可能性が問題となる。そこで、**人口減少に歯止めをかけるために**、**移住の推進**、**UIJターンの促進**、**企業の誘致**、**関係人口の拡大**など、若い世代の地域定着や、人々を地域に呼び込む取組について問われている。詳しくは、**本書のテーマ⑪⑫⑬**で解説している。
過去問（概略）	• 新型コロナウイルスの感染拡大を契機に東京一極集中の社会構造の問題が改めて明らかになるとともに、**地方移住**への関心が高まっていると言われています。こうした状況を踏まえ、今後、**地方創生**の実現に向けて、県はどのようなことに取り組むべきか、あなたの考えを述べなさい。 • 山形県では、高等学校卒業後や大学卒業後における**若者の地元定着**への取組みを推進しているが、施策が求められる背景と県が取り組むべき具体的な施策について、あなたの考えを述べなさい。 • 富山県では、「幸せ人口1000万～ウェルビーイング先進地域、富山～」を目指しています。どのような取組みをすれば、富山県に**関わる仲間が増え、集積する**ようになるか、あなたの考えを述べなさい。 • 昨年実施された県政世論調査において、県の取り組みで努力が足りないと思う分野として「**若者の県内定着**」との答えが最も多かった。あなたが自治体の担当者だったら、若者の県内定着を図るため、どのような取り組みを行うか述べなさい。 • 本県の人口は、平成10年を境に減少傾向にあり、このまま何も対策を講じなければ、今後も減少傾向が続くことが予想されている。そこで、**人口減少**が本県に与える**影響**を挙げ、それを解消するためにどのような**取組**を行うべきか、あなたの考えを述べなさい。 • 新型コロナウイルス感染症の影響により、地方に人が流れる「地方回帰」の機運が高まっている状況を捉え、鹿児島を活性化するために県としてどのような取組を行う必要があるか、あなたの考えを述べなさい。 • 三重県の総人口は、現在まで減少傾向が続いています。**人口減少**に係る問題は、一朝一夕に解決できない構造的な問題であり、その課題解決に向けては多岐にわたる分野の取組を結びつけることが重要です。今後、**人口減少に歯止めをかけ**、**地域の自立的かつ持続的な活性化を図るため**には、行政として限られた予算の中で、どのような点を考慮して対策を行えばよいか、本県において人口減少が進む**要因**と人口減少が本県にもたらす**影響**に触れたうえで、あなたの考えを論述してください。

テーマ：自治体の DX・地域社会のデジタル化

テーマのポイント	コロナ禍のもと、人との接触を控えるために、テレワーク、オンライン飲み会、オンライン帰省など、あらゆる生活場面での「**デジタル化**」が進んだ。しかし、アフターコロナ時代には、感染症防止のためだけではなく、**国際的なデジタル競争力の向上、持続可能な行政サービス・地域社会**のために、自治体の DX や、社会のあらゆる分野でのデジタル化が求められている。詳しくは、**本書のテーマ⑥⑦**で解説している。
過去問（概略）	• 道では、令和４年度重点政策において、「暮らしや産業へのデジタル化の浸透による『北海道 Society5.0』の実現」を掲げています。積雪寒冷、広域分散型の地域特性を持つ北海道において、暮らしや産業など各分野で、**デジタル技術を活用した地域課題解決**の先進地を目指すために、道としてどのような取組が必要か、あなたが考える具体的な取組とその理由について書きなさい。 • 本県では、**行政のデジタル化**を着実に推進するとともに、社会基盤としてのデジタルインフラを浸透させることで社会全体の**デジタルトランスフォーメーション（DX）**を目指す「埼玉県デジタルトランスフォーメーション推進計画」を策定したところである。そこで、次の２点について論じなさい。 （１）デジタル社会の実現が求められる**社会的背景、理由**は何か。 （２）デジタル社会の実現に向け、行政が取り組むべきことや取り組む上での課題は何か。 • 県民が豊かさを実感しながら安心して生活できる社会を実現するために、**デジタル技術**の利活用の観点から、県としてどのような取組みを進めるべきか、あなたの考えるところを述べなさい。 • 新型コロナウイルス感染症の感染拡大を契機として、社会の構造や人々の価値観は大きく変化しました。人口減少や高齢化が進んでいく中において、ウィズコロナ、アフターコロナ時代にキーワードとなる「**デジタル化**」の流れを捉えた取組を推進していくことが求められています。こうした状況を踏まえ、持続可能な地域社会づくりに向けて、高知県としてどのように取り組んでいく必要があると思いますか、あなたの考えを述べなさい。 • 岐阜県では**デジタル・トランスフォーメーション推進計画**を策定し、「誰一人取り残されないデジタル社会」の実現に向けて、情報格差の解消を図るとともに、あらゆる分野において DX を推進することとしている。そこで、岐阜県の**デジタル社会形成**のため、あなたが必要と考える施策を述べなさい。

テーマ：高齢社会対策・少子化社会対策

テーマのポイント	高齢者の健康寿命を延伸する「**高齢社会対策**」、子育て環境を充実させる「**少子化社会対策**」について問われている。詳しくは、**本書のテーマ**①②で解説している。
過去問（概略）	• **少子・高齢化**が進むなか、**市民が安心し健康に暮らせる持続可能なまちづくり**を進めるために、市はどのような取り組みを行うべきか、あなたの考えを述べなさい。 • 和歌山県における人口減少や少子高齢化が進む現状を踏まえた上で、県の取り組むべき施策について、あなたの考えを述べなさい。 • **高齢者がいきいきと暮らせる**とちぎの実現に向けた取組について。 • **高齢者が安心し、生きがいを持って暮らしていくため**に、あなたが重要であると考える課題を述べよ。その課題に対して、都はどのような取組を進めるべきか、あなたの考えを述べよ。 • 就業する女性においても、第１子を出産後に約半数が退職しているという状況にあり、その理由として、半数以上の方が「家事・育児に専念するため」、「仕事と育児の両立の難しさ」といったことをあげている。このような現状を踏まえ、**子育て環境の整備の課題**としてあなたが考えることを記述しなさい。また、京都府が「子育て環境日本一」を実現するために事業を一つ提案し記述しなさい。 • 本市は「**安心して子育てができ、子どもや若者が豊かに育つまち**」を目指しています。少子化が急速に進行する中で、次代を担う子どもたちの育成は大きな課題となっていますが、この都市像を実現するために、市としてどのような施策に取り組むべきか、あなたの考えを述べなさい。 • 人口減少社会の進展・共働き世帯の増加・児童虐待や子どもの貧困など、子育て家庭や子どもの育ちをめぐる環境が大きく変化する中で、神戸市では「神戸っ子すこやかプラン 2024」を策定しています。**妊娠・出産期から学齢期において切れ目ない支援を提供**することで、子どものより良い育ちの実現を目指しています。そのため、行政はどのような取組みを行うべきか、あなたの考えを述べてください。

テーマ：行政課題全般

<table>
<tr><td>テーマのポイント</td><td>

• **行政課題全般とは**、問題文が**抽象的**な問いであり、いろんな視点から書くことができる問題をいう。例えば、公務員試験で「**食べ物についてあなたの考えを述べなさい**」という出題がなされたとしよう。この場合、①地域で採れた野菜を地域で消費する「**地産地消**」の促進、②貧困世帯の子どものために「**子ども食堂**」の促進、③「**食品ロス**」の削減、④特産品である農産物の**ブランディング**と**シティプロモーション**など、様々な切り口で書くことができる。

• 実際の試験では、**「あなたが考える『暮らしやすい●県』とはどのようなものか。その実現に向けた課題を挙げ、今後どのような取組を行っていくべきか述べなさい。**」などと出題される。この場合『暮らしやすい●県』を自分でどう捉えるかによって、いろんなテーマで書くことができる。

• 例えば、『暮らしやすい●県』を**「歳を重ねてもいきいきと健康に過ごせるまち」**と考えれば本書のテーマ①になる。また同様に、**「子育て環境が充実したまち」**と考えれば本書のテーマ②、**「女性が活躍できるまち」**と考えれば本書のテーマ③、**「もしもの災害に強いまち」**と考えれば本書のテーマ④、**「増加する外国人住民と共生できるまち」**と考えれば本書のテーマ⑤となる。

• このように、**抽象的なテーマ**で出題された場合は、あなたが準備しているテーマのなかで、自信のあるテーマを書いたり、複数のテーマを組み合わせて書くこともできる。この場合「**これでいいのかな？**」と不安な気持ちになることがあるが、重要なことは「**その判断に自信を持って書くこと**」である。限られた試験時間での迷いや戸惑いは禁物である。
</td></tr>
<tr><td>過去問（概略）</td><td>

• 人口減少や様々な危機管理への対応をはじめ、自治体を取り巻く環境が変化していく中で、行政が**最も重点的に取り組むべき課題**を挙げて、想定される問題点と解決策についてあなたの考えを述べなさい。

• 自治体が**特に解決していかなければならない**とあなたが考える課題を挙げ、その課題を解決するために行政として必要な取組は何か、具体的に論じなさい。

• 市では、さらなる発展に向けて行動していくため「●市長期ビジョン」を策定した。あなたが職員になった場合、**どのような市**にしていきたいか、理由を添えて述べなさい。また、その市を目指すにあたり、解決すべき課題とその解決策について、あなたの考えを具体的に述べなさい。

• 県は、目指すべき姿を「県民一人ひとりが豊かさを実感できるまち」としています。そこで、あなたが考える「**豊かさ**」とは何かを挙げ、それを県として実現するためにはどのような施策を実施すべきか、あなたの考えを述べなさい。

• 急激な人口減少や、技術革新、グローバル化の急速な進展など、●県を取り巻く状況変化を踏まえ、県民の「**しあわせ**」の実現のために県が重点的に取り組むべきことは何か、あなたの考えを具体的に述べなさい。
</td></tr>
</table>

テーマ：女性の活躍

テーマのポイント	「**女性の活躍**」が求められている**意義**や、そのための**取組**が問われている。詳しくは、**本書のテーマ③**で解説している。
過去問（概略）	• 働く**女性**が個性と能力を十分に発揮し、**活躍できる社会**を実現するために、行政としてどのような取組ができるか、あなたの考えを述べなさい。 • 我が国における育児休業取得率は、男性の取得率は上昇傾向にあるものの女性に比べ低い水準となっている。そこで、男性の育児休業取得率が女性と比べて低い背景に触れつつ、男性の育児休業取得を促進することの意義について述べなさい。また、**男女がともに希望に応じて仕事と子育てを両立できる社会の実現**に向け、どのような取組が必要か述べなさい。 • 人口減少・少子高齢化の進行や社会経済情勢の変化などの様々な課題に対応するためには、男女が互いに尊重し合い、社会のあらゆる分野で個性と能力を十分に発揮できる**男女共同参画社会の実現**が重要になっています。そこで、男女共同参画社会の実現をより一層推進するため、行政としてどのような取り組みを行うべきか、あなたの考えを述べなさい。

テーマ：地域コミュニティの活性化

テーマのポイント	**地域コミュニティ**が**希薄化**している**要因**や、**地域コミュニティ**を**活性化**していく**取組**が問われている。詳しくは、**本書のテーマ⑪**で解説している。
過去問（概略）	• かつての地域社会では日常生活における不安や悩みを相談できる相手がおり、お互いに助け合う相互扶助により人々の暮らしが支えられていた。時代とともに価値観が変化し、都市部農村部に関わらず**地域のつながりが希薄化**しており、福祉課題を抱える人が発見されず、必要な支援が届かないといったケースがある。こうした課題に対して、行政としてどのように取り組むべきか、あなたの考えを述べなさい。 • **人と人との関係性や「つながり」が希薄化**する中、これまで内在していた孤独・孤立の問題が顕在化し、一層深刻な社会問題となっている。そこで、次の２点についてあなたの考えを論じなさい。 （１）我が国において、新型コロナウイルス感染拡大前から、人と人との関係性や「つながり」が希薄化していった背景には、どのような要因があるか。 （２）あなたが特に支援が必要と考える状況に置かれている人の例を１つ挙げ、その人に対し、行政として NPO 等と連携しながら、どのように取り組んでいけばよいか。

テーマ：災害対策

テーマのポイント	災害は忘れた頃にやってくると言われるように、どの自治体でも「**災害対策**」は最優先課題である。そこで、自助、共助、公助の「**三助**」の連携による**防災力の向上**が重要になる。詳しくは、**本書のテーマ④**で解説している。
過去問（概略）	• あなたの考える「**危機に強い愛知**」とはどのような県か。また、それを実現するために、どのような方法で地域づくりを行うべきかを一つ述べよ。 • 近年、大型台風や豪雨による**災害**が多発しているが、これらの災害に対する備えと災害が発生した後の対応について、行政としてどのような取組ができるか、あなたの考えを述べなさい。 • 近年多発する自然災害に対して、防災・減災の取り組みを進めるなど、**自然災害に強いまちづくり**を行うために必要な行政の役割について、あなたの考えを論じなさい。 • **首都直下地震**から命と財産を守るとともに、社会経済活動の麻痺による甚大な影響を回避するために、あなたが重要であると考える課題を述べよ。また、その課題に対して、どのような取組を進めるべきか、あなたの考えを述べよ。

テーマ：多文化共生社会の実現

テーマのポイント	労働力不足の対策として、政府が留学生や外国人労働者の受け入れを拡大したこともあり、**外国人住民**が増えているため、**多文化共生社会**について問われている。詳しくは、**本書のテーマ⑤**で解説している。
過去問（概略）	• 外国人もより住みやすいまちにするために本市はどのような施策を行うべきか、あなたの思う「**外国人も住みやすいまち**」について述べたうえで、その実現にむけた現状の課題と方策について、あなたの考えを具体的に述べなさい。 • 鹿児島県における**外国人労働者**の受入れや支援を巡る現状と課題を挙げ、行政としてその課題にどう対応すべきかについて、あなたの考えを述べなさい。 • 労働力不足の対策として、外国人材の活用が期待されている。本県においても、今後、県内に住む外国人の増加が見込まれるが、**外国人が地域で働き、学び、生活していくに当たっての課題**について考察するとともに、それらの課題に対し、どのような取組が有効かあなたの考えを述べなさい。 • 本県は他県に先駆け、「群馬県多文化共生・共創推進条例」を策定したが、**多文化共生・共創社会**の一層の推進のために、今後群馬県としてどのようなことに取り組めばよいと考えるか。あなたの考えを述べよ。

テーマ：カーボンニュートラルの実現

テーマのポイント	政府は2050年までに温室効果ガスの排出量を実質ゼロにする、**カーボンニュートラル**の目標を掲げている。これを受けて、「**2050年実質排出ゼロ**」をめざす**ゼロカーボンシティ**を表明する自治体も増えている。詳しくは、**本書のテーマ⑭**で解説している。
過去問（概略）	• 気候変動問題への危機感が世界的に強まる中、政府は、2030年度に温室効果ガスを2013年度から46%削減することを目指す新たな目標を掲げました。福岡県においても、温室効果ガスの削減など、地球温暖化対策をさらに推進するため、「福岡県地球温暖化対策実行計画」を策定し、取組を進めています。そこで、**温室効果ガスの削減**について、よりスピード感を持って進めていくためには、どのような取組が有効か、行政、産業界、家庭それぞれの視点からあなたの考えを述べなさい。 • 近年、**地球環境への配慮**や誰もが生きやすい世の中への関心が高まり、**持続可能な社会**に向けた取組が広がりつつあります。あなたにとって持続可能な社会とはどのようなものですか。考えの根拠とともに、県として何に取り組むべきか具体的に述べてください。 • 様々な**環境問題**の解決に向けて、私たちはどのように行動するべきか、あなたの考えを述べなさい。 • 市民の日常生活や企業の経済活動は、環境にさまざまな影響を与えることから、次世代にわたって本市が発展し続けていくためには、**環境に配慮したまちづくりの推進**が必要となります。そこで、本市が具体的にどのような**環境施策**に取り組むべきか、あなたの考えを述べなさい。 • 本市では、目指すべき未来像として、「『世界の環境首都づくり』を礎とし、デジタル先端技術を駆使することで、環境・経済・社会の好循環によるSDGsの加速化、**脱炭素社会**の実現を目指す」こととしている。そこで、環境と経済の好循環による**脱炭素社会を目指す「環境」**の視点、地域課題の解決や新たな先端ビジネスによる「経済」の視点、あらゆる世代や障害のある方など、みんなが活躍できる「社会」の視点などを踏まえ、目指すべき未来像の実現に向けて、どのような施策を展開していくべきか、解決すべき課題とともに具体的に述べなさい。

テーマ：その他の行政課題

<table>
<tr><th colspan="2">テーマ：自治体の広域連携</th></tr>
<tr><td>過去問</td><td>「人口減少・少子高齢社会が本格化し、課題の複雑化と財政状況の悪化が懸念される状況下において、自治体が単独で対応することには限界が出てきている。そうした限界を克服する方法の一つとして注目されているのが、自治体が様々な目的・規模・手法において相互に協力し合う広域連携である。そこで今後、どのような政策課題について、いかなる広域連携が効果的か、具体的な事例を挙げながら論じなさい。」</td></tr>
<tr><td>考え方</td><td>本問では、自治体の「広域連携」が問われているが、「広域連携」の知識がなくても、「どのような政策課題について、いかなる広域連携が効果的か」と問われているので、例えば、自治体単独では対応することが困難な「災害対策（本書のテーマ④）」や、多くのコストが必要となる「自治体のＤＸ（本書のテーマ⑥）」などでの「自治体間連携」の視点で書くことができる。</td></tr>
</table>

<table>
<tr><th colspan="2">テーマ：自治体業務のアウトソーシング</th></tr>
<tr><td>過去問</td><td>「行政の仕事は、一般的に拡大の一途をたどりがちであるが、わが国では近年、国・地方ともに財政難に陥り、行政が担う役割について見直しを求める声もあがっている。そこで、現在、行政が提供しているサービスのうち、「行政が提供しなくてもよいのではないか」又は「行政の提供している割合を減らしてもよいのではないか」と考えるものの例を挙げ、そう考える理由と、当該サービスの新たな担い手として考えられる提供主体及び提供手法について、あなたの考えを述べなさい。」</td></tr>
<tr><td>考え方</td><td>・まず、アウトソーシングとは、自治体の業務の一部を民間企業などに依頼することである。
・近年、少子高齢化や人口減少による税収の減少のため、限られた財源で持続可能な行政サービスを提供していくためには、自治体業務の一部をアウトソーシングすることで、行政運営のコストを削減する必要性が高まっている。
・そして近時、多くの自治体が「コスト削減」と「住民サービスの向上」を両立させるために、民間企業との連携やアウトソーシングによって「デジタルトランスフォーメーション（ＤＸ）」に取り組み、業務の効率化や生産性の向上を図っている。詳しくは、本書のテーマ⑥で解説している。</td></tr>
</table>

テーマ：ボランティア活動の活性化	
過去問	「ボランティア活動のさらなる活性化のために必要な取組」
考え方	**ボランティア活動を活性化**するために重要なことは、**①地域の課題やニーズを把握してボランティア活動に結びつけること。②ボランティア活動を多様化すること。③SNSやアプリなどを活用して幅広く募集すること**である。例えば、①については「パトロールランニング」（**本書テーマ⑫**）や「子ども食堂」（**本書テーマ⑲**）、②については「アダプトプログラム」（**本書テーマ⑮**）、③については「地域で困っている人とボランティアのマッチングをするアプリ」（**本書テーマ⑬の解説部分**）などがある。

テーマ：地域の「強み」と「弱み」	
過去問	•「あなたが考える、現在の広島の「**弱み**」について説明した上で、それを克服して、今後の成長の芽としていくために、広島県はどのような施策に取り組んでいくべきか、あなたの考えを述べなさい。」 •「香川県の「**強み**」と「**弱み**」をそれぞれ一つ挙げた上で、その「**強み**」を生かし、「**弱み**」を克服して、県の魅力を向上させるためにはどのような取組みが効果的か、あなたの考えるところを述べなさい。」 •「人口減少社会において、本県ならではの**強み**を生かして、「将来に夢を持てる秋田の創生」を実現するために、どのような取組が必要か、具体例を挙げて、あなたの考えを述べなさい。」
考え方	•地域の「**強み**」と「**弱み**」については、受験先自治体の情報を整理しておこう。 •「**強み**」についての考え方に、その地域ならではの「**地域資源**」の活用が挙げられる。例えば、東京都の「**地域資源**」であれば、**農林水産物**（稲城の梨・江戸東京野菜・奥多摩わさび・東京秋川アユなど）、**鉱工業品**（あきしまの水・あだち菜うどん・江戸切子・江戸漆器など）、**観光資源**（秋川渓谷・江戸川区花火大会・奥多摩湖・お台場海浜公園など）が挙げられる。 •このように、**農林水産物**、**鉱工業品**、**観光資源**の三つの視点から「**地域資源**」を調べておき、これら「**地域資源**」を活用した「**地方創生**」についてまとめておくと本試験で役に立つだろう。詳しくは、**テーマ⑩のシティプロモーション**と併せて押さえておこう。

東京都特別区Ⅰ類の論文試験

① 論文試験の概要・傾向

実施日	一次試験と同日で概ね４下旬～５月上旬	公務員のライト データベース
試験時間	１時間 20 分	
答案用紙	２枚両面（20 字× 20 行）	
字数規定	•**1000 ～ 1500 字程度。** •多くの合格者は、**1100 ～ 1300 字程度**で記載しており、他の自治体と比較して記載字数が多い。	
配点比率	配点等についての情報は公表されていないが、公務員のライトのアンケート調査結果から、**論文試験の配点比率は非常に高い**ことが推定される。	
注意事項	論文の課題は「**２題**」あり、試験開始後「**１題**」を選択する。そして、選択した「**課題番号**」を、解答用紙の課題番号欄に記入する。	
近時の傾向	•2020 年以降の傾向は、**課題①**では「**行政運営での課題**」の視点から、**課題②**では「**地域社会の課題**」の視点から出題されている。 •2023 年の特別区論文試験についての公務員のライトアンケート調査（回答数 1766 人）では、**課題①**を選択した人が**３割**（531 人）、**課題②**を選択した人が**７割**（1235 人）となっており、**課題②**で書いた受験生の割合が多い。	
試験のポイント	•問題文中に**現状**や**課題**が誘導やヒントが示される場合が多く、注意深く問題文を読むことが重要になる。 •問題文中の指示には、「**特別区職員としてどのように取り組むべきか**」という記載があり、特別区職員としての「**立場**」で記載することが求められる。 •2020 年以降の傾向として**課題①**では、「限られた行政資源による区政運営（2022 年課題①）」「先端技術を活用した区民サービス（2020 年課題①）」など「**行政業務の効率化**」という DX に関連したテーマが出題されている。また、**課題②**では、**少子高齢化**を背景としたテーマの出題頻度が高い。	

② 2024年の出題予想（4テーマ）

①出題予想テーマ「少子化社会対策」

特別区では、これまで少子化対策として、切れ目のない子育て支援や、仕事と子育ての両立のための保育環境の整備など、積極的な取組を実施してきました。しかし、区によって差はあるものの、2020年の特別区での合計特殊出生率は1.12人と全国平均1.33人を大きく下回っており、持続的かつ効果的な少子化対策が求められています。このような状況を踏まえ、**出生率向上につながる少子化対策ついて**、特別区の職員としてどのように取り組むべきか、あなたの考えを論じなさい。

②出題予想テーマ「女性の活躍」

近年、女性のライフコースの選択肢が多様になった一方で、「働いて自立したくてもできない女性」が増加しており、「働いて自立できる女性」との格差が拡大しています。例えば「非正規雇用の若年女性」は経済的に困難な状況に陥りやすく、コロナ禍の影響もあり、貧困問題が深刻化しやすい状況にあります。このような状況を踏まえて、**経済的な困難など様々な生きづらさを抱える女性の支援に向けた取組について**、特別区の職員としてどのように取り組むべきか、あなたの考えを論じなさい。

③出題予想テーマ「ゼロカーボンシティの実現」

近年、地球温暖化が原因と考えられる様々な気候変動による自然災害の発生が深刻化しています。2018年に公表されたIPCC（気候変動に関する政府間パネル）の特別報告書では、気温上昇を2度よりリスクの低い1.5度に抑えるためには、2050年までにCO_2の実質排出量をゼロにすることが必要とされています。そこで特別区でも、脱炭素社会を実現するために、再生可能エネルギー電力の利用推進や、建物・住宅のZEB・ZEH普及の推進などの取組が重要となっています。このような状況を踏まえて、**ゼロカーボンシティ特別区の実現に向けて**、特別区の職員としてどのように取り組むべきか、あなたの考えを論じなさい。

④出題予想テーマ「DX」

近年、複雑化する環境変化に対応するため、ＤＸの推進による効率的な行政運営が喫緊の課題となっています。そのなかで、特別区は基礎自治体として同種、類似する業務を行っているため、スケールメリットを生かすことで、業務の効率化やコストの削減が期待されています。また、コストの削減に留まらず、例えば、自治体間での連携・共同による情報の共有化によって住民サービスの向上も期待できます。このような状況を踏まえ、**区民ニーズに即した効率的な行政運営のあり方について**、特別区の職員としてどのように取り組むべきか、あなたの考えを論じなさい。

③ 過去問の概要

2023年	①若年層に伝わりやすい行政情報の発信 ②地域活動での担い手不足解消のための人材活用
2022年	①限られた行政資源による区政運営 ②地域コミュニティの活性化
2021年	①区民ニーズに即した魅力的な公共施設のあり方 ②食品ロスや廃棄物の縮減と資源リサイクルの推進
2020年	①先端技術を活用した区民サービス ②地域の防災力強化
2019年	①外国人の増加による課題・取組 ②認知症高齢者への対応
2018年	①住民との信頼関係の構築 ②子どもの貧困問題
2017年	①空き家問題 ②女性の活躍推進
2016年	①ユニバーサルデザイン ② ICT の利活用の促進
2015年	①自治体事務のアウトソーシング ②ワークライフバランスの実現
2014年	①自転車を安全・安心に利用できるまちづくり ②グローバル化の流れを積極的に施策反映
2013年	①東京の魅力発信と施策 ②いじめや体罰問題
2012年	①自治体の説明責任 ②人口減少社会や高齢社会における暮らしやすいまちの実現
2011年	①災害・震災に強い地域社会 ②地域コミュニティの活性化
2010年	①保育園の待機児童解消 ②都市生活を支える基盤となる施設のあり方と社会における合意形成
2009年	①犯罪被害から区民を守る安心・安全な地域社会 ②学校選択制とこれからの学校と地域社会の関係

④ 実際の過去問

2023年	
①	スマートフォン等の情報通信機器の普及に伴い、区民生活のデジタル化が進む中で、行政の情報発信のあり方にも変化が求められています。特別区においても、デジタル・デバイドの解消を推進する一方で、今後の社会の担い手となる、10代・20代を中心とした若年層について、その情報収集手段や価値観、生活環境を理解した上で情報発信を行う必要があります。また、行政活動である以上、効果検証や継続性の視点も重要です。このような状況を踏まえ、**若年層に伝わりやすい行政情報の発信について**、特別区の職員としてどのように取り組むべきか、あなたの考えを論じなさい。
②	我が国では、少子化を背景とした人口の減少傾向や、高齢化の更なる進展等による経済社会への影響が懸念されている中で、社会経済活動の維持に向けた新たな人材の確保という課題が生じています。こうした課題に対して、特別区では少子化対策等の長期的な取組に加え、当面の生産年齢人口の減少に伴う地域活動の担い手不足の解消等の対策が早急に求められています。このような状況を踏まえ、**人口減少下における人材活用について**、特別区の職員としてどのように取り組むべきか、あなたの考えを論じなさい。

2022年	
①	特別区では、地方分権の進展や、児童相談所の設置に加え、新型コロナウイルス感染症対策により、前のない課題やニーズが生まれ、区民が期待する役割も、かつてないほど複雑で高度なものとなっています。特別区がこれらの課題の解決に向けた取組を進めていくには、区民に最も身近な基礎自治体として、自立性の高い効率的な事務運営が重要です。このような状況を踏まえ、**区民の生命や生活を守るための、限られた行政資源による区政運営について**、特別区の職員としてどのように取り組むべきか、あなたの考えを論じなさい。
②	特別区では、人口の流動化、価値観やライフスタイルの多様化によって地域コミュニティのあり方に変化が生じています。また、外国人の増加も見込まれる中、様々な人が地域社会で生活する上で、地域コミュニティの役割はますます重要となっています。こうした中、行政には、年齢や国籍を問わず、多様な人々が地域コミュニティの活動に参加できるような仕組みづくりや、既存の活動を更に推進するための取組が求められています。このような状況を踏まえ、**地域コミュニティの活性化について**、特別区の職員としてどのように取り組むべきか、あなたの考えを論じなさい。

2021年	
①	東京都では昨年、転出者数が転入者数を上回る月が続きました。転出超過等によって人口が減少すると、税収の減少や地域コミュニティの衰退など様々な問題をもたらします。また一方で、特別区の抱える公共施設の多くが老朽化しており、人口減少がもたらす更なる社会変化に対応した、施設の企画・管理・利活用が求められています。このような状況を踏まえ、**区民ニーズに即した魅力的な公共施設のあり方について**、特別区の職員としてどのように取り組むべきか、あなたの考えを論じなさい。
②	国際目標である「持続可能な開発目標（SDGs）可能な生産消費形態を確保するため、天然資源の持続可能な管理や効率的な利用をめざすことが必要であると示されています。特別区においてもその目標達成に向けた一層の取組が求められており、食品ロスや廃棄物の削減を進めていくことが重要です。このような状況を踏まえ、**ごみの縮減と資源リサイクルの推進について**、特別区の職員としてどのように取り組むべきか、あなたの考えを論じなさい。

2020年	
①	近年、これまで人間が行っていた定型業務の自動化や、ＡＩ（人工知能）によるビッグデータの分析等、先端技術を活用した業務効率化の取組が急速に進んでいます。一方、これらの取組を推進する上では、コストや情報セキュリティ、人材面等における課題もあるとされており、自治体職員は、こうした変化に対応していかなければなりません。このような状況を踏まえ、**先端技術を活用した区民サービスの向上について**、特別区の職員としてどのように取り組むべきか、あなたの考えを論じなさい。
②	近年、気候変動の影響等により大規模な水害が発生しています。また、今後高い確率で発生することが予想される首都直下地震は、東京に甚大な被害をもたらすことが想定されています。そのため、特別区は、地域の課題を的確に把握した上で、区民等と協力しながら、災害に強い安全で安心なまちづくりの取組を積極的に推進していかなければなりません。このような状況を踏まえ、**都市における地域の防災力強化について**、特別区の職員としてどのように取り組むべきか、あなたの考えを論じなさい。

特別区経験者採用試験の課題式論文

① 課題式論文の概要

実施日	一次試験と同日で概ね９月上旬	公務員のライトデータベース
試験時間	１時間 30 分	
字数規定	1200 ～ 1500 字程度	
配点比率	配点等については非公表であるが、公務員のライトのアンケート調査結果から、論文試験の配点比率は**高い**ことが推定される。	
注意事項	●論文の課題は「**２題**」あり、試験開始後「**１題**」を選択する。そして、選択した「課題の題名」を、論文用紙の題名欄に正確に記入する。 ●**余白部分**は**メモ**として使うことができる。	
試験のポイント	●特別区Ⅰ類試験と異なり、いわゆる「**一行問題**」であり、**抽象的なテーマ**で出題されている。したがって、テーマについて様々な切り口で書くことができるが、高評価を取るために重要となるのが、①「**自治体業務についての基礎的な理解**」、②「**論理性**」、③「**公平性・多角的な視点**」である。 ●①「**自治体業務についての基礎的な理解**」とは、実務レベルの深い知識ではなく、あくまで経験者採用試験の受験生として求められるレベルである。例えば、「複雑化・多様化する区民ニーズ」、「地域コミュニティの活性化」、「自治体職員の役割」「区民との協働」「行政運営の効率化」など、**なぜこのような文言が問題文中に記載されているのか、その言葉が意味する内容や背景、取組にはどのようなものがあるのか**、などである。**詳しくは、本書の各テーマで説明している。** ●②「**論理性**」とは、決して高度な論理ではなく、例えば、出題テーマに対する「課題解決に向けたあなたの考え」と「施策・取組」は、**それぞれ目的と手段の関係となっているか？、論理的な一貫性があるか？**など、基本的な論理性のことである。単なる思い付きや、場当たり的な内容を書かないように、本試験の現場では、まず落ち着いて余白部分に**簡単なメモ**を取り、内容を整理して書いていこう。 ●③「**公平性・多角的な視点**」とは、経験者採用試験という特性上、行政職に求められる「**バランス感覚**」や「**物事を多角的に捉える視点**」のことである。例えば「政治的なポリシー」や「極端に偏った主張」を書いてしまうと、公務員の資質を欠くといった理由で「一発不合格」となってしまうこともある。また、ある取組を進めていく場合に、それによるメリットだけではなくデメリットや、コスト抑制のためのアウトソーシングなど、多角的な視点が重要である。**詳しくは、本書の 41 ページで説明している。**	

特別区経験者採用試験の課題式論文	
2023年	①図書館機能の充実について ②これからのイベント実施のあり方について
2022年	①シティプロモーションについて ②複雑化・多様化する区民ニーズへの対応について
2021年	①インターネットを活用した誰もが利用できる行政手続に向けた取組について ②持続可能な財政運営と区民サービスについて
2020年	①住民意識の多様化と自治体職員の役割について ②若者の区政参加と地域の活性化について
2019年	①組織力の向上について ②地域コミュニティの活性化について
2018年	①行政運営の効率化と信頼性の確保について ②区民への情報発信のあり方について
2017年	①区政運営における区民との協働について ②最少の経費で最大の効果を生む区政運営について
2016年	①区民ニーズの把握と施策への反映について ②グローバル社会の進展に伴う行政運営のあり方について
2015年	①行政におけるコンプライアンスについて ②地域イベント開催にあたっての住民要望の調整について
2014年	①区民から喜ばれる行政サービスの提供について ②地域社会に必要とされる公園のあり方について
2013年	①住民サービスとそれに係る経費について ②区民の声を活かした政策形成について
2012年	①民間的な発想を生かした行政運営について ②住民と一体となった活力ある地域づくりについて
2011年	①循環型社会の形成に向けて ②行政と民間の協働について
2010年	①公務員としての倫理について ②行政における危機管理について
2009年	①行政に問われる説明責任について ②技術の継承について
2008年	①効率的な行政運営について ②特別区における環境負荷の軽減について
2007年	①顧客主義に基づく行政サービスについて ②地域の個性を生かした魅力あるまちづくり

2

論文の書き方

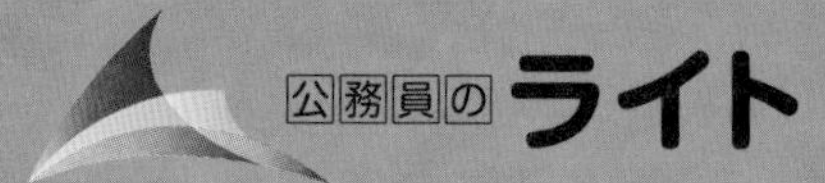

マス目の使い方

① 段落のはじめは１マスあける

適切な例

〇近年、我が国では
地震をはじめ様々な
災害が発生していま
す。

不適切な例

近年、我が国では地
震をはじめ様々な災
害が発生しています。

② 句読点は最後のマスに入れ文頭に出さない

適切な例

　仕事と育児の両立
の実現のために、行
政の子育て世帯への
支援の強化が必要だ。

不適切な例

　仕事と育児の両立
の実現のために、行
政の子育て世帯への
支援の強化が必要だ
。

③ 閉じかっこは最後のマスに入れ文頭に出さない

適切な例

　地域の子育て支援
の取組として注目さ
れる「ファミリー・
サポート・センター」

不適切な例

　地域の子育て支援
の取組として注目さ
れる「ファミリー・
サポート・センター
」

④ 算用数字は１マスに２字入れる

適切な例

　我が国の高齢化率
は、2023年には29.1
%と過去最高を更新
している。

不適切な例

　我が国の高齢化率
は、２０２３年には
２９．１%と過去最
高を更新している。

⑤ アルファベットの大文字は1マスに1字入れる

適切な例

　ＩＣＴを活用して、
行政の仕事の効率化
を進めていくべきだ
と考える。

不適切な例

　ICＴを活用して、
行政の仕事の効率化
を進めていくべきだ
と考える。

⑥「だ、である調」（常体）に統一する

適切な例

　地域コニュニティ
の希薄化が課題であ
る。今後の担い手不
足が懸念される。

不適切な例

　地域コニュニティ
の希薄化が課題であ
る。今後の担い手不
足が懸念されていま
す。

受験生に多い誤字

誤字	正しい字
適格な処置	的確な処置
完壁に	完璧に
特微がある	特徴がある
住民同士の繁がり	住民同士の繋がり ひらがな表記「つながり」でもOK
連体感が必要である	連帯感が必要である
実積を上げた	実績を上げた
この組識では	この組織では
除々に	徐々に
専問知識	専門知識
分折する	分析する
供なって	伴って
不可決である	不可欠である
指適される	指摘される
幣害である	弊害である
役割を任う	役割を担う

4ブロック法の説明

①「4ブロック法」とは

- **4ブロック法**とは、論文の**「記載内容」**を**4つ**の**ブロック**に分けて考えることで、**論理性**や**一貫性**を出し、高評価を取ることができる「**型**」のことである。
- 本試験で**高評価**が取れるだけではなく、各テーマの**論点**を**4つのブロック**に分けて整理するため、記憶に定着しやすいといったメリットがある。
- 政府の白書・報告書等の**「政策の概要」**などでは、同様の記載がなされている場合が多く、本書でもこの方法で構成している。

ブロック①

- 出題テーマの「**問題の現状**」「**問題の背景**」「**問題の要因**」などについて書く。

ブロック②

- 出題テーマの問題を解決するための「**大きな課題**」「**大きな目標**」「**目指す社会像**」などについて書く。

ブロック③

- 出題テーマの問題を解決するための「**具体的な対策（取組や施策）**」について書く。この部分は、他のブロックより**記載量**が多く、**一番配点が高い部分である。**
- 記載する個数は、試験での文字数が**800字未満**であれば**2個**程度、**800字以上**であれば**3～4個**程度での記載が目安となる。

ブロック④

- これまでの「**まとめ部分**」になる。**ブロック②**を確認しながらトレースして書くことで、記載内容がブレていないか（論理的な一貫性があるか）注意して記載する。

ブロック①のポイント

① ブロック①の注意点

- **ブロック①**では、出題テーマの「**問題の現状**」「**問題の背景**」「**問題の要因**」などについて書く。もちろん、これらを全てをフルスケールで書く必要はなく、各テーマの**合格記載例**にある程度で押さえておこう。

- **試験の問題文**に、「**～の現状**」「**～の背景**」「**～を推進する意義（必要性）**」「**～の要因**」を**踏まえながら論じなさい。**といった指示がある場合がある。仮に、**問題文**に**指示**が無い場合でも、上記のポイントに触れることで「**加点**」となることから、本書の各テーマでしっかりと押さえていこう。以下で、各文言の定義について説明する。

	意味	具体例
問題の「現状」	**現在の日本社会（地域社会）での問題の状態のこと**	・**［少子高齢化の現状］**高齢化率●％・合計特殊出生率●％と、少子高齢化が進行している。 ・**［大規模地震の現状］**南海トラフ地震と首都直下地震の発生確率は30年以内に70％以上と想定されている。 ・**［自然災害の現状］**近年では、豪雨災害や土砂災害が頻発化、激甚化している。 ・**［子どもの貧困の現状］**子どもの相対的貧困率は約12％と高い水準にある。
問題の「背景」	**現状の背後にある社会的な情勢のこと**	・少子化が進行している背景には、結婚・出産に対する価値観の変化や、仕事と育児の両立の難しさにより出産に希望を持つことが難しい状況がある。
取組の「意義」	**取組によって実現できる価値や重要性のこと**	・男性の育児休業取得を促進することの**意義** ⇒ 男性の育児休業取得が増えると、夫婦間での育児の分担が進み、女性の社会参加が可能となることから「**女性が活躍できる社会の実現**」につながる。
問題の「要因」	**問題を発生させている主な原因のこと**	・A県で人口減少が進んでいる**要因** ⇒ A県での少子化の進行と、若い世代の県外流出。 ・地域コミュニティが希薄化している**要因** ⇒ 価値観の多様化やオンラインでのつながりが増えたことで、近隣の住民同士でつながりを持たないライフスタイルが増えている。
課題	**問題を解決するための目標のこと**	**詳しくは、ブロック②で**

②「問題の現状」について

- 「問題の現状」とは、出題テーマについての**現在の日本社会（地域社会）の状態**のこと。**直近３年間の出題**を見てみると、少子高齢化が進行している**現状**、地域コミュニティが希薄化している**現状**、地球温暖化が進行している**現状**、子どもの自殺が増えている**現状**など、それぞれの「**現状**」に触れるように指示があるケースがある。詳しくは各テーマで解説している。

- 本書では、**問題の現状に**ついて「**高齢化率**」や「**合計特殊出生率**」などの**指標**を使って「**数値**」で表している部分がある。このような**指標**は、**受験先自治体**の**数値**で押さえておこう。

③「問題の背景」について

- 試験で問われる「**問題の背景**」とは、**現状の背後にある社会的な情勢**（社会の動き）のこと。**直近３年間の出題**を見てみると、「国が女性の社会進出を支援している**背景**（テーマ②）」「脱炭素社会への取組が求められている**背景**（テーマ⑭）」「デジタル化が進められている**背景**（テーマ⑥）」「Ａ県が地方創生に取り組んでいる**背景**（テーマ⑧）」など、それぞれの**背景**に触れるように指示があるケースがある。詳しくは各テーマで解説している。

④「～を推進する意義（必要性）」について

- 試験で問われる「**～を推進する意義**」とは、基本的に「**その取組～がなぜ必要なのか？**」「**その取組が何に役立つのか？**」という意味である。例えば、「Ａ県が地方創生を推進する**意義**」は「地方創生を推進することで、若い世代の県外流出に歯止めをかける**必要**があるため」となる。

⑤「問題の要因」について

- 「**問題の要因**」とは、**問題を発生させている主な原因**のこと。**直近３年間の出題**を見てみると、「Ａ県で人口減少が進んでいる**要因**（テーマ⑧）」「男女共同参画の推進を困難にしている**要因**（テーマ③）」「女性の就業率が低い**要因**（テーマ③）」「人と人とのつながりが希薄化していった**要因**（テーマ⑪）」などが問われている。詳しくは各テーマで解説している。

ブロック②のポイント

- **ブロック②では**、出題テーマの問題を解決・解消していくための「**大きな課題**」「**大きな目標**」「**目指す社会像**」について記載する。本書では、ブロック②を下記の図ように記載している。
- 一般的に、出題テーマには複数の「**課題**」がある。そこでブロック②では、「**大きな課題**」や「**大きな目標**」を記載し、その後のブロック③では「**個別具体的な課題**」に触れることにしている。
- また本書では、**ブロック**①の記載内容を踏まえたうえで、**ブロック②**へ移っていくことを示すために、ブロック②の文章の初めに「**このような状況のもと**」という言葉を入れている。

本書のテーマ	問題の例	大きな課題・大きな目標・目指す社会像
テーマ① **高齢社会対策**	社会保障費の増大	**エイジレス社会の実現 健康寿命の延伸**
テーマ② **少子化社会対策**	社会の担い手不足	**子育て環境の充実**
テーマ③ **女性の活躍**	社会の担い手不足 男女間の格差	**男女のワークライフバランスの実現**
テーマ④ **災害対策**	頻発化・激甚化する 自然災害 今後の大規模地震の 発生予想	**自助、共助、公助の連携による 防災力の向上**
テーマ⑤ **多文化共生社会 の実現**	外国人住民の増加による 住民間トラブル・外国人 の孤立	**多文化共生社会の実現**
テーマ⑥ **自治体のDX推進**	自治体職員の不足 行政サービスの水準低下	**自治体のDX推進**
テーマ⑧〜⑩ **地方創生の推進**	少子高齢化の進行 地域からの人口流出	**地方創生・地域の活性化**
テーマ⑪⑬ **地域コミュニ ティの活性化**	地域コミュニティの希薄化 地域問題の複雑化・困難化	**地域コミュニティを活性化 新しい共助のつながりの創生**
テーマ⑭〜⑰ **環境問題**	地球温暖化問題 海洋プラスチックごみ問題 食品ロス問題	**温室効果ガスの削減 海洋プラスチックごみの削減 食品ロスゼロ**
テーマ⑱〜㉑ **子どもの問題**	ヤングケアラー問題 子どもの貧困問題 児童虐待問題 子どもの自殺問題	**「子どもが子どもでいられる街」の実現 「全ての子どもが夢や希望を持てる社会」の実現 「子どもの虐待ゼロ社会」の実現 「子どもの自殺ゼロ社会」の実現**

ブロック③のポイント

- **ブロック③では**、出題テーマの問題を解決していくための具体的な「**対策（取組・施策）**」について書く。この部分は、他のブロックより**記載量**が多くなり、**一番配点が高い部分**である。
- **試験の問題文**では、「～の問題に対して、どのような対策（施策・取組）が必要か述べなさい。」といった問いが多い。
- 「**取組**」とは、行政による課題解決に向けた活動のこと。「**施策**」とは、政策を実現するための具体的な計画や対策のことである。受験上、これらを厳密に区別する必要はなく、同様に捉えてよい。
- **ブロック③の記載の方法**は、「第一は、自助の取組である」「第二は、共助の取組である」「第三は、公助の取組である」などと、まずはその**段落**の「**結論**（**要旨**）」を書き、そのあとに「**具体的な対策**」を書いていく。
- **具体的な対策**を書く際には、いきなり**対策**を書くより、「**その対策（取組）が必要となる根拠**」を意識的に書くことで論理性が出る。本書の記載部分を参考にしてみよう。
- また、「**接続詞**」を適切に使うことで、**採点官が読みやすい文章、論理的な文章**になる。本書では、本試験で使える**実践的な接続詞**に限定して用いており、また「**接続詞**」を**青字**で表示している。**合格答案例**を読むときは、これらの**接続詞**を**意識**しながら読んでいこう。

テーマ	本書でよく使用する接続詞
主張の追加	まず、次に、そして、加えて、さらに、また、最後に このような状況のもと、
内容の具体化	例えば、例として、具体的には、
方向性や取組を書く時	そこで、
主張の結論・まとめ	このように、以上を踏まえて、
説明	つまり、言い換えると、なぜなら、
逆説	しかし、

ブロック④のポイント

- **ブロック②**では、出題テーマの問題を解決するための「**大きな目標**」、**ブロック③**では、具体的な「**対策（取組・施策）**」について書いてきた。これを踏まえて、**ブロック④は「まとめ部分」**を書いていく。
- ブロック④は、これまでの「**まとめ部分**」になるため、**ブロック②**の記載内容を確認しながらトレースして書くことで、論理的な**一貫性**を出すことができる。
- 本書では、**ブロック④**は「**ブロック③で書いた取組をどのように進めていくか？**」という視点で記載している。つまり、ブロック③では「**何に取り組むか？**」を書き、ブロック④では「**その取組をどのように進めていくか？**」を書いている。
- 例えば、ブロック③で書いた取組をより効果的に進めていくために、「**ビジョンを共有しながら関係機関と連携して取り組んでいく**」など、自治体職員として取組の進め方を記載している。各テーマのブロック④を確認してみよう。
- **ブロック④**を書いていく際の書出しの言葉を決めておこう。 本書では「**以上を踏まえて**」という言葉で統一しているが、これ以外にも「**以上のように**」「**このように**」などの言葉がある。このような言葉を使うことで、採点官に**まとめ**に入るという予測を与え、文章に流れを出すことができる。

4ブロック法「まとめ」

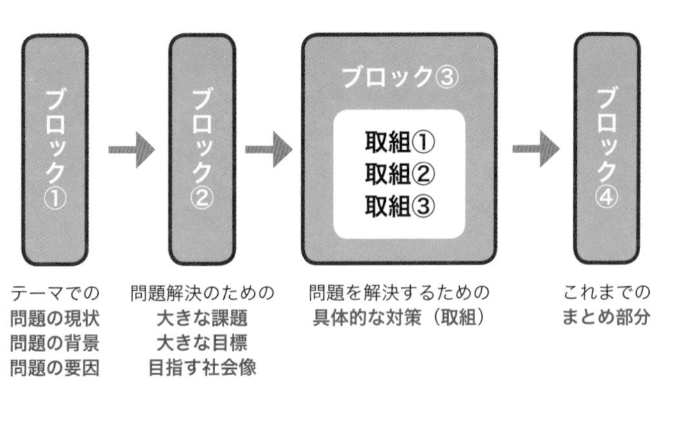

試験で重要な２つの視点

① 公平性の視点

- 「憲法 15 条２項は、公務員を「**全体の奉仕者**」と規定している。つまり「**一部**」ではなく「**全体**」の奉仕者という意味において、公務員には「**中立的な立場**」や「**公平性**」が求められる。そしてこの部分は、論文試験や面接試験でも、当然にしっかりとチェックされている。例えば「**政治的なポリシー**」や「**極端に偏った主張**」を書いてしまうと、公務員の資質を欠くといった理由で「**一発不合格**」となってしまうこともある。したがって「**バランス感覚**」を持って書くことを意識しておこう。

② 多角的な視点

- 地域では、様々な信条、主義主張を持った人々や、国籍、年齢、所得、健康状態、家庭環境が異なる人々が生活している。そのなかで重要となるのが「**多角的な視点**」である。

- 例えば、ある**取組**を進めていく場合に、それによる**メリット**だけではなく、時には**デメリット**が生じる場合もある。この場合には、その**デメリット**に対する**対策**について触れることで**高い評価**となる。

- 具体的には、自治体の DX 推進というテーマでは、DX により、**住民の利便性向上**や**自治体職員の事務負担の軽減**といった大きなメリットがある。**しかしその反面**、①スマホなどのデジタル機器を使えない高齢者が取り残されるおそれがある（**要支援者の存在**）。また、②個人情報の流出やシステムトラブルが発生すると、社会経済活動に重大な影響を与えるおそれがある（**リスク**）。

- このように、取組によって生じる**要支援者の存在**や**リスク**にといった部分に着目して、これらの**対策**に触れることで**高い評価**につながる。本書の各テーマで**多角的な視点**を意識して考えてみよう。

DX 推進のメリット
住民の利便性向上
自治体職員の事務負担の軽減

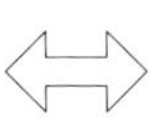

DX 推進で生じる課題
デジタルデバイド対策
セキュリティ対策

詳しくはテーマ⑥

各テーマのブロック①②まとめ

テーマ① 高齢社会対策

① 少子高齢化の現状

現在、日本では少子高齢化が急速に進み、2008 年をピークに総人口は毎年減少している。そして、●（自治体名）の**高齢化率**は● % と（国より）高い水準である。他方、**合計特殊出生率**は●%と（国より）低い水準であり、少子高齢化の進行は深刻な**状況**にある。

② 少子高齢化が社会に与える影響

今後、少子高齢化が加速すると、**社会保障制度の持続可能性**という問題や、**労働力人口の減少による社会の担い手不足**など、**社会経済全体**に**重大な影響**を及ぼすことになる。

③ 取組の目標

このような状況のもと、政府は高齢社会対策の基本指針として**エイジレス社会**の実現を目指している。そこで、年齢にとらわれずに、その人の意欲や能力をいかして活躍できるエイジレス社会の実現に向けて取り組んでいく。

テーマ② 少子化社会対策

① 少子化の現状

現在、日本では少子高齢化が急速に進み、2008 年をピークに総人口は毎年減少している。そして、●（自治体名）の**高齢化率**は● % と高い水準である。他方、**合計特殊出生率**は●%、**年少人口比率**は● % と低い水準であり、少子化は深刻な**状況**にある。

② 少子化の要因

そして、少子化の**要因**には、**晩婚化**の進行による**未婚率**の上昇などが挙げられる。

③ 少子化の背景

その**背景**には、結婚・出産に対する価値観の変化や、仕事と育児の両立の難しさによって出産に希望を持つことが難しい状況などがある。

④ 少子化が社会に与える影響

今後、少子化が加速すると、社会保障制度の持続可能性という問題や**労働力人口の減少による社会の担い手不足**など、**社会経済全体**に**重大な影響**を及ぼすことになる。

⑤ 取組の目標

このような状況のもと、政府は少子化対策の基本指針として**希望出生率 1.8** の実現を目指している。そこで、若い世代が出産や子育てに希望を持てるように、**子育て環境の整備**に取り組んでいく。

テーマ③ 女性の活躍

①「女性の活躍」が求められている背景

近年、「**女性の活躍**」が求められている。その**背景**には少子高齢化の進行がある。つまり、日本では少子高齢化が急速に進んでおり、今後、社会保障制度の持続可能性の問題や、労働力人口の減少による社会の担い手不足など、社会経済全体に重大な影響を及ぼすことになる。**そこで**、女性が社会のあらゆる分野で活躍することで、社会の担い手不足を解消し、社会全体を活性化していくことが重要となる。

② 男女間格差の現状

しかし、男女格差の度合いを示す指数である日本の**ジェンダーギャップ指数**は、主要先進7か国のなかで**最下位**という状況にある。

③「女性の活躍」を阻害している要因

その要因として、「**男性は仕事、女性は家事・育児**」といった性別による**固定的役割分担意識**が根強く残っていることが挙げられる。

④ 取組の目標

このような状況のもと、政府は女性の活躍を推進することで**男女共同参画社会**の実現を目指している。そこで、**男女のワークライフバランス**の実現に取り組んでいく。

テーマ④ 災害対策

① 日本の災害の現状

- 日本は世界有数の災害大国であり、**南海トラフ地震**と**首都直下地震**の発生確率は30年以内に70%以上と想定されている。
- さらに近年では、豪雨災害や土砂災害が**頻発化**、**激甚化**するなど、●（自治体名）での災害対策は喫緊の課題である。
- また、世界的にも自然災害の発生件数は増加しており、**SDGs**でも「災害に強いまちづくり」や「気候変動による災害に備えた災害対策」が挙げられている。

② 取組の目標

このような状況のもと、政府は災害に強い国づくりとして**国土強靭化**を目指している。そこで、災害に強いまちづくりのために、**自助、共助、公助の連携による防災力の向上**に取り組んでいく。

テーマ⑤ 多文化共生社会

① 外国人住民の現状

現在、日本における在留外国人は300万人を超えて**増加**しており、また**多国籍化**している。そして、●（自治体名）でも外国人住民は**増加傾向**にある。

② 外国人住民が増加している背景

その背景には、少子高齢化による働き手不足によって、政府が留学生や外国人労働者の受け入れを拡大したことや、グローバル化の影響により日本で働く外国人労働者や国際結婚が増加している状況がある。

③ 外国人が生活するうえでの課題

近時、外国人が地域で生活するなかで、言語や文化、習慣の違いからうまくコミュニケーションを取れずに、地域社会から**「孤立」**してしまうケースが増えている。

④ 取組の目標

このような状況のもと、政府は、国籍の異なる人々が、お互いの文化の違いを認め合い、対等な関係を築きながら共存していく**多文化共生社会の実現**を目指している。そこで、**多文化共生**の推進に取り組んでいく。

テーマ⑥ 自治体のDX

① 少子高齢化の現状

現在、日本では少子高齢化が急速に進み、2008年をピークに総人口は毎年減少している。そして、●（自治体名）の**高齢化率**は●％と（国より）高い水準である。他方、**合計特殊出生率**は●%と（国より）低い水準であり、少子高齢化の進行は深刻な状況にある。

②「自治体のDX」が求められている背景

今後、少子化が加速すると、●（自治体名）では深刻な担い手不足となる。また、税収の減少により行政サービスの水準が低下してしまうなど、社会経済全体に重大な影響を及ぼすことになる。

③ 取組の目標

このような状況のもと、限られた人員と財源で、持続可能な行政サービスを提供していくために、**自治体のデジタルトランスフォーメーション**（以下「DX」という）に取り組んでいく。

テーマ⑦ 地域社会のデジタル化

① 少子高齢化の現状

現在、日本では少子高齢化が急速に進み、2008 年をピークに総人口は毎年減少している。そして、●（自治体名）の**高齢化率**は● % と（国より）高い水準である。他方、**合計特殊出生率**は●%と（国より）低い水準であり、少子高齢化の進行は深刻な状況にある。

②「地域社会のデジタル化」が求められている背景

今後、少子高齢化が加速すると、深刻な担い手不足となり、**地域機能**や**地域の活力**を維持することが難しくなる。

③ 取組の目標

このような状況のもと、**持続可能な地域社会**を実現し、さらに**地域を活性化**していくために、**地域社会のデジタル化**に取り組んでいく。

テーマ⑧⑨⑩ 地方創生・地域の活性化

① 少子高齢化の現状

現在、日本では少子高齢化が急速に進み、2008 年をピークに総人口は毎年減少している。そして、●（自治体名）の**高齢化率**は● % と（国より）高い水準である。他方、**合計特殊出生率**は●%と（国より）低い水準であり、少子高齢化の進行は深刻な状況にある。

② 人口流出の現状

また、●（自治体名）は**転出超過の状態**にあり**人口流出**が進んでいる。

③ 少子高齢化と人口流出が社会に与える影響

今後、**少子高齢化の進行**と、**人口流出**が加速すると、●（自治体名）では深刻な担い手不足となり、**地域機能**と**活力**が低下してしまう。

④ 取組の目標（地方創生の意義）

このような状況のもと、●（自治体名）の**人口減少に歯止め**をかけ、**地域を活性化**していくために「**地方創生**」に取り組んでいく。

テーマ⑪ 地域コミュニティの活性化

① 地域コミュニティとは

町会や自治会を基礎とした「地域コミュニティ」は、交通安全、防災、防犯、環境美化、地域イベントの運営など、地域社会の安全・安心を守るために、**住民同士**の「**共助のつながり**」を支える活動をしている。

② 地域コミュニティの現状・その背景

しかし近時、町会・自治会への加入率の低下や、役員の高齢化、若い世代の後継者不足などの問題を抱えている。また、住民の**価値観**が**多様化**していることや、**オンラインでのつながりが増えた**こともあり、**地域コミュニティ**は**希薄**になっている。

※［特別区の特徴］特に特別区は、国内外からの人口移動が多く、マンションなどの集合住宅が多いという特徴があるため、地域への帰属意識や住民同士のつながりは希薄になりやすい傾向にある。

③ 取組の目標（地域コミュニティを活性化する意義）

このような状況のもと、少子高齢化の進行によって地域の抱える問題は**複雑化**・**困難化**しており、自治体の限られた財源と人員で、その全てを解決するのは**困難な状況**にある。そこで、地域の課題に対して「**共助のつながり**」で支え合うために、**地域コミュニティの活性化**に取り組んでいく。

テーマ⑭ ゼロカーボンシティの実現

① 地球温暖化が進行している現状

現在、世界規模で地球温暖化が進行しており、その影響で、大型台風の発生、豪雨、猛暑、暖冬など、深刻な**気候変動**が発生している。また、日本での温室効果ガスの排出量は減少傾向ではあるが、依然として11億トン以上が排出されている状況である。

※［特別区の特徴］特に特別区は、人口や経済活動が集中し、資源やエネルギーの大量消費地として大量の温室効果ガスを排出している。

② 温室効果ガスの排出が環境に与える影響

今後、このまま温室効果ガスの排出が続くと、自然生態系や人々の健康、社会経済活動などへの大きな影響が懸念されており、地球温暖化への対策は喫緊の課題である。

③ 取組の目標

このような状況のもと、地球温暖化対策についての国際的な枠組みである**パリ協定**では、政府は2050年までに温室効果ガスの排出量を実質ゼロにする、カーボンニュートラルの目標を掲げている。そこで、**カーボンニュートラル**の実現に向けて取り組んでいく。

※［特別区］そこで、特別区としても「ゼロカーボンシティ」の実現に向けて取り組んでいく。

テーマ⑮ 海洋プラスチックごみ問題

① 海洋プラスチックごみの現状

現在、日本の海洋に流出するプラスチックごみの量は年間約2～6万トンと推計されており、このままでは、2050年には海洋プラスチックごみの量は魚の量を上回ると予測されている。

② プラスチックごみが海洋に与える影響

このような海洋プラスチックごみは、地球規模での海洋汚染を進行させている。また、細分化された**マイクロプラスチック**が、海洋生物の体内に取り込まれることで深刻な影響を引き起こしており、海洋プラスチックごみへの対策は喫緊の課題である。

③ 取組の目標

このような状況のもと、**SDGs目標14**では、特に、陸上の人間の活動も含めた、海洋汚染の防止が挙げられている。これは、海洋プラスチックごみの約8割は、**陸上**のビニール袋やペットボトルが、海へ流出して発生しているからである。そこで、海洋プラスチックごみ問題を、全ての地域の問題として捉えながら、「**海洋プラスチックごみゼロ**」に向けて取り組んでいく。

テーマ⑯ 食品ロス問題

① 食品ロスの簡単な定義・現状

食品ロスとは、まだ食べられるのに、捨てられてしまう食べ物のことをいう。政府の調査では、日本における1年間の食品ロスは、約600万トン以上であり東京ドーム約5杯分という。

② 食品ロスが環境に与える影響

このような食品ロスは、大量の食べ物が無駄になるだけでなく、残った食品は**可燃ごみ**となってしまう。そのため、大量の温室効果ガスを排出し**地球温暖化の原因**にもなってしまい、食品ロスの削減は喫緊の課題である。

③ 取組の目標

このような状況のもと、SDGs目標12でも食品ロスの削減が掲げられているが、政府は、2030年までに**食品ロスを半減するという目標**を立てている。そこで、「**食品ロスゼロ**」に向けて取り組んでいく。

テーマ⑱ ヤングケアラー問題

① ヤングケアラーの定義・現状

ヤングケアラーとは、本来、大人が担う家事や家族のケアなどを日常的に行っている子どものことをいう。調査によると、全国の中学２年生の約 17 人に 1 人がヤングケアラーである。

② ヤングケアラーの背景

ヤングケアラーの背景には、高齢化による介護需要の急増や、ひとり親世帯の増加によって家庭内にケアを担える大人がいなくなり、子どもが引き受けているケースなどがある。

③ ヤングケアラーである子どもへの影響

ヤングケアラーである子どもへの影響は、学習時間が減って学力が低下したり、友人と遊ぶ時間が失われてしまうなど、子どもが学び育っていく時間が犠牲となっている。

④ 取組の目標

このような状況のもと、全国的にヤングケアラーの支援に向けた取組が始められているが、まだまだ支援体制が充実しているとはいえない。そこで、ヤングケアラーの支援体制を整備して「**子どもが子どもでいられる街**」の実現に向けて取り組んでいく。

テーマ⑲ 子どもの貧困問題

① 子どもの貧困の現状

日本における「**子どもの貧困**」とは**相対的貧困**のことを指し、政府の調査では、日本の子どもの相対的貧困率は約 12%と高い水準にある。

② 子どもの貧困の問題点

貧困家庭の親や子どもが、周囲の目を気にして支援を求めないケースも多く、**貧困問題**は**潜在化**している。

③ 子どもの貧困の背景

貧困の背景には、貧困環境が次の世代の貧困を生み出す「**貧困の連鎖**」が存在している。

④ 取組の目標

このような状況のもと、子どもの貧困問題を解消するためには、政府と自治体による支援体制の強化や、支援ネットワークの拡大が必要不可欠である。そこで、**貧困の連鎖を断ち切り**、「**全ての子どもが夢や希望を持てる社会**」の実現に向けて取り組んでいく。

テーマ⑳ 児童虐待問題

① 児童虐待の現状

現在、児童相談所での児童虐待の相談件数は 21 万件を超えて過去最多となっており、今もなお痛ましい虐待事件が後を絶たない。

② 児童虐待の問題点

虐待は家庭内で起きるためその発見が難しい。さらに、子どもは、親からの虐待を周りの大人に伝えたり、自分で助けを求めることが難しいため、**虐待問題は潜在化**してしまう傾向がある。

③ 取組の目標

このような状況のもと、児童虐待を防ぐためには、政府と自治体による支援体制の強化や、子どもを虐待から守るネットワークの拡大が必要不可欠である。そこで、子どもを虐待から守り、「**子どもの虐待ゼロ社会**」の実現に向けて取り組んでいく。

テーマ㉑ 子どもの自殺問題

① 子どもの自殺の現状

現在、日本での自殺者数は減少傾向であるが、自殺死亡率は主要先進国の中で高い水準である。なかでも、2022 年における小・中・高校生の自殺者数は 400 人を超えている状況である。

② 子どもの自殺の原因と特徴

児童生徒の自殺の**原因**は、家庭問題、学校問題、健康問題などが挙げられるが、原因が不詳の場合や、複数の要因が複雑に合わさっているケースもある。また、ささいな動機でも衝動的に死を選んでしまうケースや、悩みを一人で抱え込んでしまい死を決断してしまうケースもある。言い換えると、周囲の大人が寄り添うことで、未然に防ぐことができる場合が多い。

③ 取組の目標

このような状況のもと、自治体、学校、教育委員会、支援機関がそれぞれの立場で連携しながら、「**子どもの自殺ゼロ社会**」の実現に向けて取り組んでいく。

3

重要テーマ 21

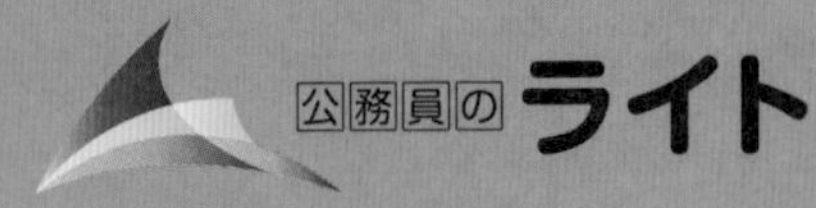

高齢社会対策

問題 A市の人口減少や少子高齢化が進む現状を踏まえた上で、A市が取り組むべき施策について述べなさい。

重要ワード

高齢化率、合計特殊出生率、年少人口比率、社会保障制度の持続可能性、労働力人口の減少、エイジレス社会、健康寿命の延伸、フレイル予防、介護予防、通いの場、社会参加、介護需要の増加

答案メモ

ブロック①

- 少子高齢化の**現状**（高齢化率・合計特殊出生率など）
- 少子高齢化が社会に与える**影響**（社会保障制度の持続可能性など）

ブロック②

- 年齢にとらわれずに、その人の意欲や能力を活かして活躍できる**エイジレス社会**の実現に向けて取り組んでいく。

ブロック③

- 第一は、**健康寿命の延伸**である。
- 第二は、**社会参加の促進**である。
- 第三は、**デジタルの活用**である。

ブロック④

- A市でも、栄養、運動、社会参加という**三つの柱**でのフレイル予防を浸透させていくことで、**エイジレス社会**の実現に向けて取り組んでいく。

合格記載例

ブロック①

現在、日本では少子高齢化が急速に進み、2008年をピークに総人口は毎年減少している。日本の**高齢化率**は29%であり、世界でも最高の水準である。他方、日本の**合計特殊出生率**は1.26、**年少人口比率**は11.6%と低く、少子高齢化は深刻な状況にある。今後、少子高齢化の進行が加速すると、社会保障制度の持続可能性という問題や、**労働力人口**の減少による社会の担い手不足など、社会経済全体に重大な影響を及ぼすことになる。

ブロック②

このような状況のもと、政府は高齢社会対策の基本指針としてエイジレス社会の実現を目指している。そこで、A市でも、年齢にとらわれずに、その人の意欲や能力を活かして活躍できるエイジレス社会の実現に向けて取り組んでいく。以下、具体的に述べる。

ブロック③

第一は、健康寿命の延伸である。エイジレス社会を実現するためには、市民が歳を重ねても医療や介護に依存することなく、いきいきと健康を保つことが重要になる。そこで、市民の健康寿命を延伸するために、フレイル予防に取り組んでいく。例えば、体力維持のためのウォーキングや、筋力維持のための簡単な筋トレ、体の柔軟性を高める体操の習慣化を啓発していく。また、1日3食のバランスの良い食事や、筋力維持のためのタンパク質の摂取を呼びかけていく。このように、フレイル予防の習慣化により市民の健康寿命の延伸に取り組んでいく。

第二は、社会参加の促進である。**政府の調査**によると、社会参加の活動が多いほど、認知症やうつのリスクが低い傾向にある。そこで、フレイル予防や孤立防止のために、地域での「通いの場」の拡大に取り組んでいく。通いの場では、地域の特色を生かして、運動や体操による健康づくり、趣味による生きがいづくり、コミュニティでの仲間づくりなど「3つのつくり」をもとに多様な活動が行われている。このように、地域のフレイル予防、孤立防止の拠点として、高齢者のニーズにあった多様な通いの場づくりに取り組んでいく。

第三は、デジタルの活用である。**民間企業の調査**では、

少子化の進行を図る指標です。詳しくはテーマ②で説明しています。

総人口に占める「0歳～14歳までの人口」のこと。

簡単にいうと、15歳以上で働くことができる人口のこと。

「社会参加と介護予防効果の関係について」厚生労働省

NTTドコモモバイル社会研究所の調査によると、高齢者のスマートフォンの所有率は、60代が9割、70代が7割となっています。

高齢者のスマートフォン所有率は高い状況である。そこで、スマートフォンアプリを活用したフレイル予防を後押ししていく。例として、「オンライン通いの場アプリ」では、全国の自治体が作成した1000種類以上のご当地体操動画や、認知症予防のための脳トレゲーム、日々の食事バランスを管理する機能などがある。また、チャットで仲間と交流できるため、自分の趣味の合う仲間を見つけることもできる。このように、オンラインを活用したフレイル予防の取組を後押ししていく。

ブロック④

以上を踏まえて、人生100年と言われる時代において、急増する介護需要を抑制し、社会保障制度の持続可能性を図るためには、高齢期での「体」と「こころ」の両面から健康を支えていく必要がある。そこで、A市でも、栄養、運動、社会参加という三つの柱でのフレイル予防を浸透させていくことで、エイジレス社会の実現に向けて取り組んでいく。

1210字

★ブロック①の別記載例（自治体の数値で記載した場合）

現在、日本では少子高齢化が急速に進み、2008年をピークに総人口は毎年減少している。そして、A市の高齢化率は●●%と（国より）高い水準である。一方で、合計特殊出生率は●●%と（国より）低い水準であり、少子高齢化の進行は深刻な状況にある。

このテーマのポイント

① 高齢化の現状について

- 「**高齢化率**」とは「**総人口に占める 65 歳以上の人口割合** 」のことであり、高齢化率によって、日本の高齢化の現状を知ることができる。

- 2023 年の日本の高齢化率は **29%** と**過去最高**であり、日本の現状は 4 人に 1 人以上が高齢者という「**超高齢社会**」である。他方、0 歳から 14 歳までの**年少人口比率**は、11.6% と**過去最低**である。

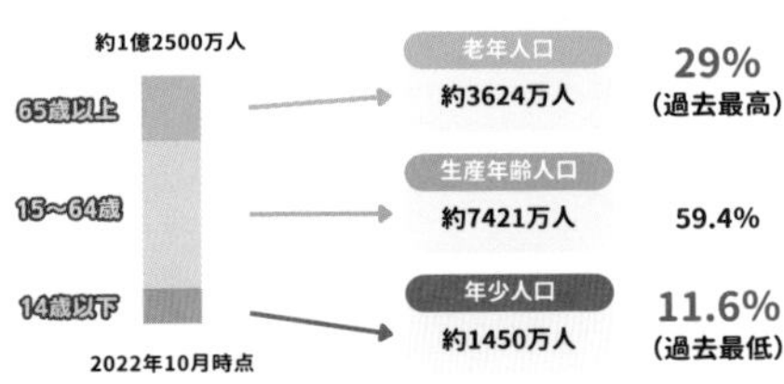

② 少子高齢化が社会に与える「影響」について

社会保障制度への影響

- **社会保障制度**の**持続可能性**という問題が生じる。高齢者 1 人を支える労働力人口の人数は、1970 年は 9.8 人、2020 年は 2.1 人であったが、2065 年頃には 1.3 人になると予測されており、**国民 1 人あたりの負担**が**増大**している。

- 今後、医療や介護を中心とした社会保障制度での「**給付**」と「**負担**」のバランスが崩壊してしまうおそれがある。

社会経済への影響

- **労働力人口**の減少による**社会の担い手不足**となる。例えば、介護が必要な高齢者が増える一方で、介護職員不足、農家の後継者不足、過疎地でのバスの運転手不足など、様々な分野で人手不足の問題が生じる。

- また、国や自治体の税収が減ることによって**行政サービスの水準が低下**してしまうなど、少子高齢化は**社会経済全体に重大な影響**を及ぼすことになる。

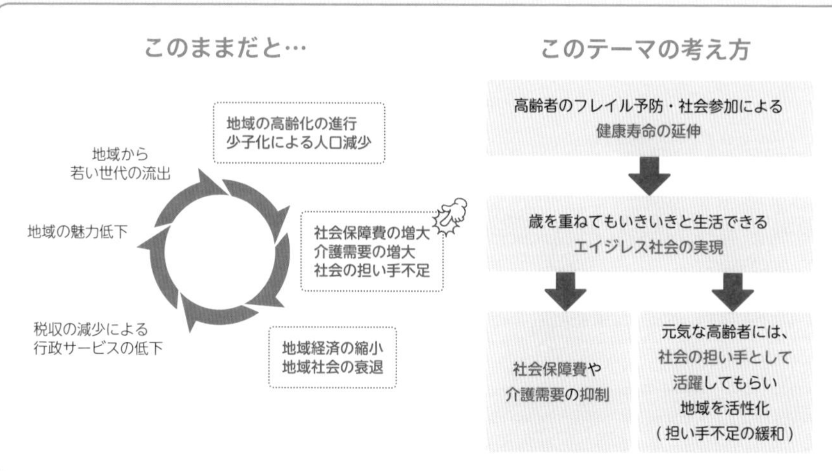

③「健康寿命の延伸」とは

- 「**平均寿命**」とは「**生まれてから死亡するまでの期間**」のことをいい、他方、「**健康寿命**」とは「**介護や寝たきりではなく健康的に生活できる期間**」のことをいう。
- **平均寿命**と**健康寿命**の差が**少ない**と、亡くなる直前まで健康に過ごしていたことになる。逆に、**平均寿命**と**健康寿命**に差が**大きい**と、長生きでも介護や入院など不健康な状態が長いことになる。
- 高齢者が歳を重ねても、いきいきと健康で暮らせれば、高齢者のQOL（クオリティ・オブ・ライフ）を向上させるだけでなく、**社会保障費の増大**を**抑制**できるため「**健康寿命の延伸**」が重要になる。

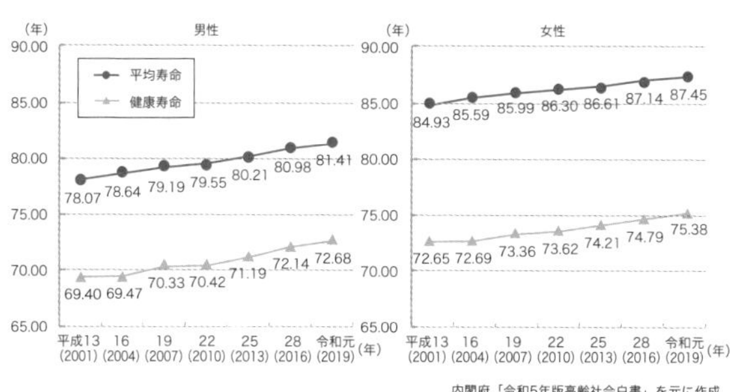

内閣府「令和5年版高齢社会白書」を元に作成

④「エイジレス社会」とは

- 年齢にとらわれず、どのような年代の人でも意欲や能力に応じて活躍できる社会のこと。つまり、自分らしいライフスタイルを楽しむ高齢者や、年齢を理由に夢を諦めず活躍できる社会のこと。

- **内閣府**は、2018 年の高齢社会対策大綱の中で「**エイジレス社会**」を目指すことを宣言した。

⑤「フレイル予防」とは

- 「**フレイル**」とは虚弱を表す英語の Frailty が語源で、加齢により体や心が弱くなっている状態で、このままではあと少しで「**要介護状態**」となっていまう危険な状態である。しかし、早期にフレイルの状態を自覚して、適切な**フレイル予防**を行うことで「**健康状態**」に戻ることもできる。このような理由から、健康な状態と要介護状態の「**中間の状態**」と呼ばれている。

- フレイル予防の「**三つの柱**」は、①タンパク質を主体とした多様な「**栄養**」、②体力や筋肉を維持するための習慣的な「**運動**」、③仕事・趣味・ボランティア活動などの「**社会参加**」が重要であり、このようなフレイル予防によって「**健康寿命**」を延伸することができる。

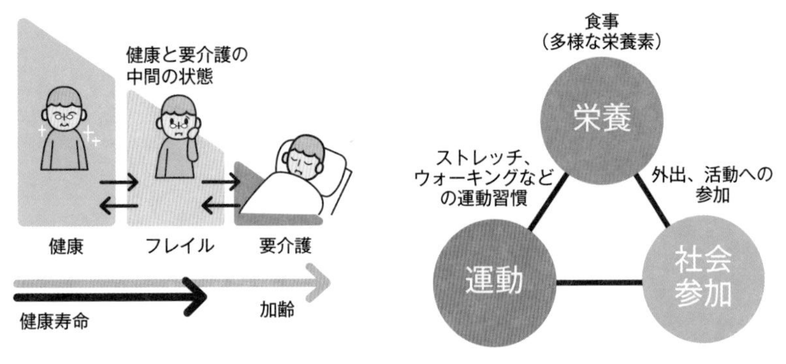

⑥ 高齢者の「社会参加」とは

- 地域でのイベントや行事、趣味サークルやボランティア活動など「**社会参加**」の割合が高いほど、**認知症**や**うつ**のリスクが低い傾向がある。また「**社会参加**」は**フレイル予防**となったり、「**社会とのつながり**」を保ち続けることで「**高齢者の孤立**」を防ぐことができる。

⑦「通いの場」とは

- 通いの場とは、高齢者や地域住民が主体となり「**フレイル予防**」「生きがい創造」「**高齢者の孤立防止**」などを目的とした「**多様な活動を行う場**」のこと。

- 具体的には、運動や体操による「**健康づくり**」、趣味や生涯学習などによる「**生きがいづくり**」、地域コミュニティでの「**仲間づくり**」など「**3つのつくり**」をもとに多様な活動が行われている。

⑧「オンライン通いの場アプリ」とは

- 国立長寿医療研究センターが開発した「**介護予防アプリ**」であり、6つの機能がある。具体的には、①散歩コースの自動作成、②仲間とのオンライン交流、③体操動画、④脳トレゲーム、⑤画像解析による毎日の食事管理、⑥健康チェックができる。

取組事例

▶ 食べて元気にフレイル予防［厚生労働省］

厚生労働省は、食事摂取基準を活用して、高齢者やその家族、行政関係者等が、フレイル予防に役立てることができるパンフレット「**食べて元気にフレイル予防**」を作成している。

▶ フレイル予防の取組事例［長野県］

長野県は、住民の身体活動を後押しするサポーターである「ずく出すサポーター」の養成を行い、「**住民のフレイル予防**」と「**健康寿命の延伸**」を目指している。また、ホームページで市町村のフレイル予防の取組事例を紹介している。

▶ 働く世代からのフレイル予防［大阪府］

大阪府は、「**健康寿命の延伸**」と「**市町村間での健康寿命の差の縮小**」に向けて、国立健康・栄養研究所と大阪公立大学と連携し、働く世代から実践できるフレイル予防に取り組んでいる。

▶ フレイル対策［神奈川県］

神奈川県は、市民ボランティアであるフレイルサポーターを中心に「**フレイルチェック**」を進めている。このフレイルチェックを通した「**社会参加**」を後押しすることで「**健康寿命の延伸**」に取り組んでいる。

▶ フレイル予防の取組状況［東京都］

東京都は、ホームページにおいて、特別区・市町村での「**介護予防・フレイル予防などの取組内容**」や「**取組の効果**」についてまとめている。

少子化社会対策（子育て支援）

問題 A 市の人口減少や少子高齢化が進む現状を踏まえた上で、A 市が取り組むべき施策について述べなさい。

▶ 重要ワード

少子化、合計特殊出生率、希望出生率 1.8、核家族化、固定的役割分担意識、アンコンシャス・バイアス、子育て世代包括支援センター、育児休業制度、男性の育児休業取得率

▶ 答案メモ

ブロック①

- 少子高齢化の**現状**（高齢化率・合計特殊出生率など）
- 少子化の**要因**（晩婚化の進行による未婚率の上昇）
- 少子化の**背景**（仕事と育児の両立の難しさなど）
- 少子高齢化が社会に与える**影響**（社会保障制度の持続可能性など）

ブロック②

- 若い世代が出産や子育てに希望を持てるように、**子育て環境の整備**に取り組んでいく。

ブロック③

- 第一は、**妊娠から子育てまで切れ目のない支援**である。
- 第二は、**男性の育児参加の促進**である。
- 第三は、**男性の育休取得の促進**である。

ブロック④

- A 市が目指す「未来の子ども達に渡せるまち」のビジョンを共有しながら、国や企業、地域住民など様々な主体と協働して取り組んでいく。

合格記載例

ブロック①

現在、日本では少子高齢化が急速に進み、2008年をピークに総人口は毎年減少している。日本の高齢化率は29％であり、世界でも最高の水準である。他方、日本の合計特殊出生率は1.26％、年少人口比率は11.6％と低い水準であり、少子化は深刻な状況にある。このような少子化の要因には、晩婚化の進行による未婚率の上昇などが挙げられる。その背景には、結婚・出産に対する価値観の変化や、仕事と育児の両立の難しさによって出産に希望を持つことが難しい状況がある。今後、少子化が加速すると、労働力人口の減少による社会の担い手不足など、社会経済全体に重大な影響を及ぼすことになる。

ブロック②

このような状況のもと、政府は少子化対策の基本指針として希望出生率1.8の実現を目指している。そこで、A市でも、若い世代が出産や子育てに希望を持てるように、子育て環境の整備に取り組んでいく。以下、具体的に述べる。

ブロック③

第一は、妊娠から子育てまで切れ目のない支援である。近年、核家族化の進展や、ひとり親家庭の増加など、「家族形態」は多様化している。その反面、地域のつながりは希薄化しており、地域コミュニティは衰退傾向にある。このような状況では、親が子育ての不安を抱え込んで孤立したり、最悪の場合には**虐待**に至るケースもある。そこで、妊娠から子育てまで切れ目のないサポートを行っている子育て世代包括支援センターの認知拡大や体制強化に取り組んでいく。このような**伴走型**の相談支援を浸透させていくことで、安心して出産や子育てができる環境をつくっていく。

第二は、男性の育児参加の促進である。現在、家事・育児の負担は女性に偏っており、「**ワンオペ育児**」となるケースも多い。その背景には、「男性は仕事、女性は家事・育児」といった性別による固定的役割分担意識が根強く残っていることが挙げられる。このような状況では、女性の負担が大きく出産や子育てに希望を持つことが難しい。そこで、男性の家事・育児参加を促進していく。例として、岐阜市では、**プレパパ**やパパを対象に、役割分担について

詳しくは、テーマ⑳で解説しています。

伴走型（ばんそうがた）とは、同じ目線に立って寄り添いながら一緒に問題について考えていく支援方法のこと。

子育てや家事を１人でやらなくてはいけない状態のこと。

「pre（以前の）＋パパ」の造語であり、子どもが産まれる前の男性のこと。

の啓発や、育児のスキルを取得するための「パパ大学」を開催し、夫婦で一緒に子育てを行う「共育」を推進している。このように、A市でも、父親への啓発や、家事・育児の実践的なスキルを習得するためのセミナーを開催するなど、男性の家事・育児参加を促進していく。

第三は、男性の育休取得の促進である。現在、男性の育児休業取得率は年々上昇しているが、女性に比べるとまだまだ低い水準にある。その背景には、育児休業を取得しづらい職場の雰囲気や、社会全体の理解不足がある。そこで、A市として、男性の育休取得を促進していく。具体的には、地域企業を対象にシンポジウムを開催して、男性の育休取得に積極的に取り組む企業の取組事例を共有していく。また、人手不足に悩む**中小企業**では男性の育休取得に消極的なケースもあるため、取得促進の**メリット**や、助成金制度などについて発信していく。このように、男性の育休取得について地域企業の理解を深めていくことで、男性の育休取得を促進していく。

ブロック④

以上を踏まえて、若い世代が出産や子育てに希望を持てるように、子育て環境の整備に取り組んでいく。そのためには、A市が目指す「未来の子ども達に渡せるまち」のビジョンを共有しながら、国や企業、地域住民など様々な主体と協働して取り組んでいく。

1372字

中小企業での育休取得率は、大企業と比べて低い水準にあり、育休取得率の向上は行政課題です。

男性の育休取得を進める企業のメリットは、①社員のワークライフバランスが向上し、定着率アップにつながる。②「働きやすい企業」のイメージアップにつながり、採用で有利になる。③業務の属人化を減らし、業務量の標準化につながるなどがある。

このテーマのポイント

① 少子化の「要因」と「背景」について

少子化の要因

- 少子化の要因には、**晩婚化**（結婚する平均年齢が高くなること）の**進行**による**未婚率**（結婚をしない独身者が増えること）の**上昇**や、**夫婦での出生数の低下**がある。

少子化の背景

- 「仕事と育児の**両立**の難しさ」「結婚・出産に対する**価値観**の変化」
- 「子育てに対する**負担感**の増大」「育児負担が女性に**偏っている**状況」
- 「経済的な**不安定さ**」などがある。

少子化が社会に与える影響

- **労働力人口**の減少による**社会の担い手不足**となる。
- **社会保障制度**の**持続可能性**という問題が生じる。
- また、国や自治体の税収が減ることによって**行政サービス**の**水準**が低下してしまうなど、少子化は**社会経済全体**に**重大**な**影響**を及ぼすことになる。

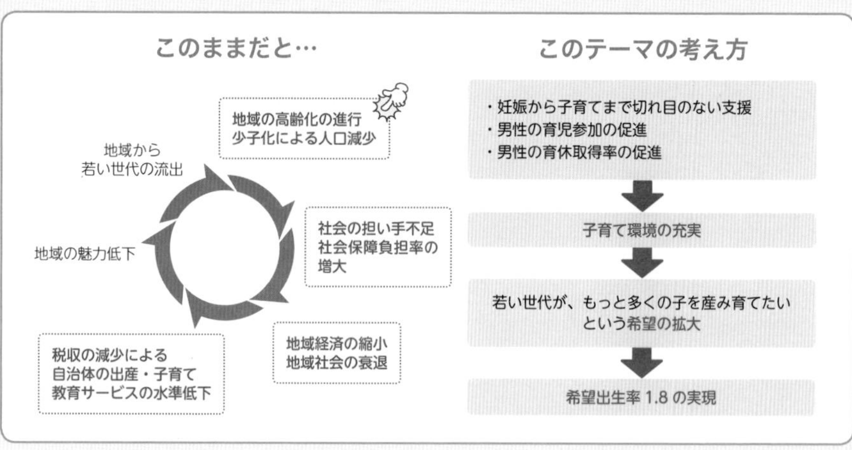

②「合計特殊出生率」「希望出生率 1.8」とは

- 「合計特殊出生率」とは、女性の年齢別出生率を合計したもので「**女性が一生のうち産む子どもの数**」の平均がわかる。現在の**合計特殊出生率**（2023 年 9 月厚生労働省発表）は **1.26** と**過去最低**である。
- 人口が増加も減少もしない合計特殊出生率である「**人口置換水準**」は **2.07** である。
- 日本の**合計特殊出生率**が**人口置換水準**に遠く及ばない状況であることから、政府は「希望通り子どもを持てた場合の出生率（**希望出生率**）を 1.8 にする」という目標を掲げている。

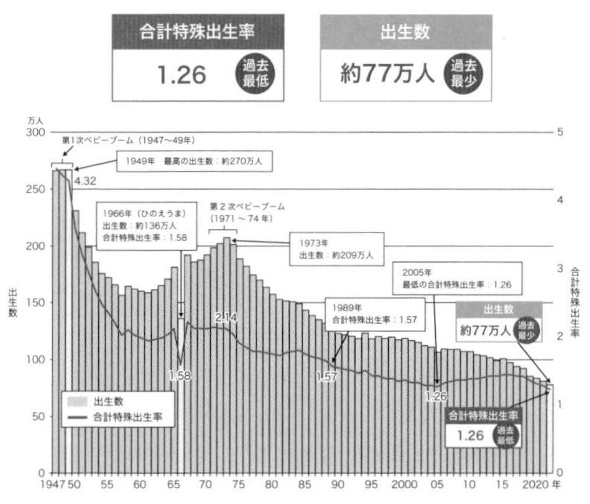

③「家族形態の多様化」とは

- 近年、「**核家族化**」が進んでおり、身近に子育ての悩みを相談したり、困ったときに頼れる身内がいなくなっている。そのため、親が悩みを抱え込んで**孤立**したり、最悪の場合には**虐待**に至るケースも増えている。

詳しくはテーマ⑳

- 「**核家族**」とは、親と子どもだけで暮らす家族のこと。簡単にいうと、おじいちゃんやおばあちゃんが同居していない家庭をイメージしてみよう。
- また、母子家庭や父子家庭など「**ひとり親世帯**」も**増加傾向**にある。ひとり親世帯では、仕事と子育てを親ひとりで行わなければならず、厳しい生活状況にあり、親の「**非正規雇用**」や「**子どもの貧困**」が問題となっている。

詳しくはテーマ⑲

④「固定的役割分担意識」とは

- **性別だけを基準に役割分担を固定的に分けてしまう考え方**のこと。例えば「家事・育児は女性がするべきだ」や「男性は主要な業務・女性は補助的業務」のように男性・女性という性別を理由に**役割を固定**してしまうこと。

- その背景には「**アンコンシャス・バイアス（無意識の思い込み）**」があり、近時、内閣府がアンコンシャス・バイアスに関する調査を行っている。家庭内での家事・育児の分担がなされずに**ワンオペ育児**となるケースもある。

アンコンシャス・バイアス意識調査結果

⑤「子育て世代包括支援センター」とは

- 母子保健法に基づき市町村が設置するもので、保健師・助産師・ソーシャルワーカーなどの専門スタッフが妊娠、出産、子育てに関する様々な相談に対応する。

- **子育て家庭への支援**は、保健、医療、福祉など複数の機関が関わるため、関係機関同士の連携が難しく**支援が分断されてしまうといった課題**がある。そこで、関係機関との**連絡調整**を行い、妊娠から子育てまで**切れ目のない支援**を行う。

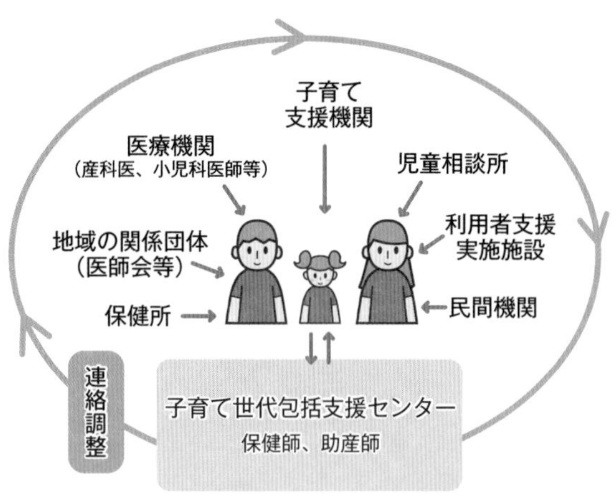

⑥「育児休業制度（育休）」とは

- 育児休業とは、１歳に満たない子どもを養育する義務のある労働者が**取得できる休業**のこと。**仕事と育児の両立を図るため**に、育児休業制度が法律で定められている。

- 2022 年には、この育児休業制度とは別の制度として、子どもが産まれて８週間以内に４週間（２回に分けて取ることも可能）の休業が取得できる「**産後パパ育休制度**」が創設された。

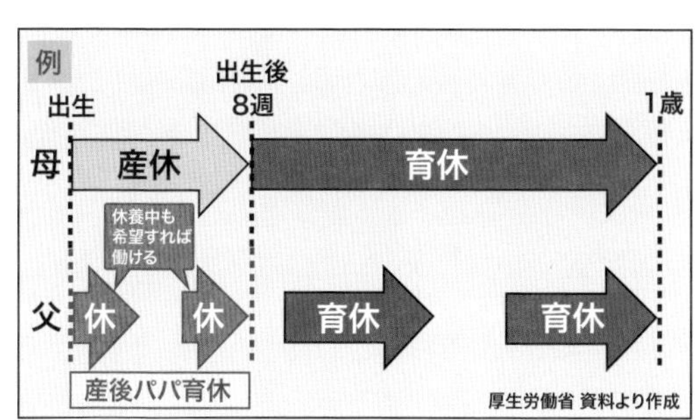

⑦「育児休業取得率」について

- 「**育児休業取得率**」とは、**母親か父親が育児休業（育休）を取得した割合**のこと。企業で働く**男性の育児休業取得率**は、2022 年度は **17.13**％と**過去最高**となった。しかし、女性と比較すると**まだまだ低い水準**であり、政府が掲げる「**2025 年までに 50%**」の目標には遠い結果となっている。

- 男性が育休を取得しない理由には、「収入を減らしたくない」「取得しづらい職場の雰囲気・周囲の理解がない」「自分にしかできない仕事・担当がある」「業務が繁忙」などがある。

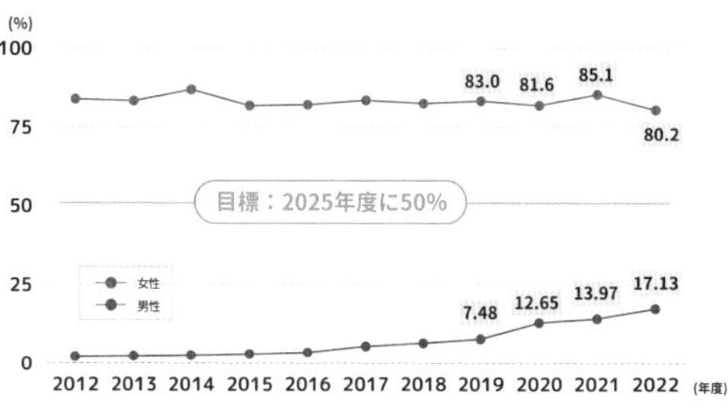

取組事例

▶ パパ大学［岐阜市］

岐阜市は、男性の育児参画を推進するために、子育てを控えるプレパパ、子育て中のパパを対象に「パパになる」や「パパである」ことの自覚を促し、育児のスキルを学べる子育て講座を開催している。

▶ 男性の育児・介護サポート企業奨励金［新宿区］

新宿区は、男性の育児参加に取り組む中小企業を応援するために、区内の中小企業の**男性従業員**が**育児休業等**を取得した場合に、その中小企業に対して「**奨励金**」を支給している。

▶ 男性育業促進オンラインセミナー［東京都］

東京都は、**男性の育業が当たり前になる社会**を目指して、都内企業の経営者、管理職などを対象としたオンラインセミナー基礎編・応用編を開催している。

▶ 1日保育士・幼稚園教諭等体験［さいたま市］

さいたま市は、「子育てパパ応援プロジェクト」の一環として、我が子が通う保育園・幼稚園などで**保育士**や**教諭**の補助体験を行なっている。

▶ 父子手帳「パパのイクメン手帳」［宮崎県］

宮崎県は、男性の育児参加を促進するために、子どもが産まれた時から、小学校へ入学するまでの情報をまとめたり、記念写真や思い出を盛り込むことのできる父子手帳「パパのイクメン手帳」を配布している。

女性の活躍（男女共同参画社会）

問題 女性が活躍できる社会の実現に向けて、A 県が取り組むべき施策について述べなさい。

重要ワード

女性の活躍、男女共同参画社会、ジェンダーギャップ指数、M 字カーブ、L 字カーブ、ワークライフバランス

答案メモ

ブロック①

- 少子高齢化の**現状**・少子高齢化が社会に与える**影響**
- 「女性の活躍」が求められている**背景**
- 「女性の活躍」の**現状**（ジェンダーギャップ指数）
- 女性の活躍を阻害している**要因**（性別による固定的役割分担意識）

ブロック②

- 男女の**ワークライフバランスの実現**に取り組んでいく。

ブロック③

- 第一は、**仕事と家庭が両立できる職場環境の整備**である。
- 第二は、**男性の育休取得の促進**である。

ブロック④

- まだまだ性別による固定的役割分担意識が根強く残っているため、国、自治体、企業、地域のあらゆる世代が連携しながら、地域社会全体の意識変革に取り組んでいく。

合格記載例

ブロック①

現在、日本では少子高齢化が急速に進み、2008年をピークに総人口は毎年減少している。今後、少子高齢化が加速すると、社会保障制度の持続可能性という問題や、労働力人口の減少による社会の担い手不足など、社会経済全体に重大な影響を及ぼすことになる。そこで近年、「女性の活躍」が求められている。その背景には、女性が社会のあらゆる分野で活躍することで、社会の担い手不足を解消し、社会全体を活性化していくことが挙げられる。しかし、日本のジェンダーギャップ指数は、主要先進7か国のなかで最下位という状況にあり、その要因には、「男性は仕事、女性は家事・育児」といった**性別による固定的役割分担意識**が根強く残っていることが挙げられる。

> 詳しくはテーマ②で解説しています。

ブロック②

このような状況のもと、政府は女性の活躍を推進することで**男女共同参画社会**の実現に取り組んでいる。そこで、男女のワークライフバランスの実現に取り組んでいく。以下、具体的に述べる。

> 男女が、互いにその人権を尊重しつつ、責任も分かち合い、性別にかかわりなく、その個性と能力を十分に発揮することができる社会のこと。

ブロック③

第一は、仕事と家庭が両立できる職場環境の整備である。近年、「M字カーブ」の問題は解消しつつある。しかし、出産・子育てのために離職をした女性が再度働くときに、正規雇用ではなく非正規雇用となってしまう「L字カーブ」の問題があり、その要因には、仕事と家庭の両立が難しいといった労働環境がある。そこで、仕事と家庭の両立支援に取り組む企業を後押ししていく。例として、新潟県では、短時間勤務や**テレワーク**など多様な働き方の導入や、女性の管理職登用に力を入れている企業を「ハッピー・パートナー企業」として登録している。そして、県のホームページや広報誌、ハローワークの求人票などで登録企業をＰＲすることで、企業のイメージアップを後押ししている。このように、Ａ県でも、仕事と家庭の両立支援に取り組む企業の普及拡大に取り組んでいく。

> L字カーブの問題は、「女性の活躍」を阻害したり、男女間の賃金格差をもたらしています。

> 「テレワーク」については、テーマ⑩で詳しく解説しています。

第二は、男性の育休取得の促進である。男女共同参画社会を実現するためには、女性に偏っている家事・育児の負担を夫婦で分担することが重要である。ここで、男性の育休取得率は年々上昇しているものの、女性と比べるとまだまだ低い水準にある。その要因には、育児休業を取得しづらい職場の雰囲気や、男性の育休取得についての社会全体の理解不足が挙げられる。そこで、男性の育休取得を促進していく。具体的には、地域企業を対象にシンポジウムを開催して、育休取得に積極的に取り組む企業の成功事例を共有していく。また、人手不足に悩む**中小企業**では男性の育休取得に消極的なケースも多いため、取得促進の**メリット**や、助成金制度などについて発信していく。このように、男性の育休取得について地域企業の理解を深めていくことで、男女共同参画社会の実現に取り組んでいく。

ブロック④

以上を踏まえて、男女のワークライフバランスの実現に取り組んでいく。もっとも、地域社会には、企業の慣行や女性のキャリア意識、家事・育児の負担偏在など、まだまだ性別による固定的役割分担意識が根強く残っている。そのため、国、自治体、企業、地域のあらゆる世代が連携しながら、地域社会全体の意識変革に取り組んでいく。

1271字

中小企業での男性の育休取得率は、大企業と比べて低い状況です。

男性の育休取得を促進する企業のメリットは、①社員のワーク・ライフ・バランスが向上し、定着率アップにつながる。②「働きやすい企業」のイメージアップにつながり、採用面で有利になる。③業務の属人化を減らし、業務量の標準化につながるなどがあります。

このテーマのポイント

①「女性の活躍」とは

- 「**女性の活躍**」とは、女性が社会的に自立して自己実現を図ることができる環境を整備すること。女性が社会のあらゆる分野で活躍することで、**社会の担い手不足の解消**や、**社会全体の活性化**にもつながる。

- 日本では、**女性の社会進出**が遅れているため、政府や企業は「女性の活躍推進」に取り組んでいる。具体例として、女性の就労環境の整備、男女間同一賃金の実現、女性の管理職登用促進、**育児と仕事の両立支援（ワークライフバランスの実現）**、**男性の育児休業の取得促進**などが挙げられる。

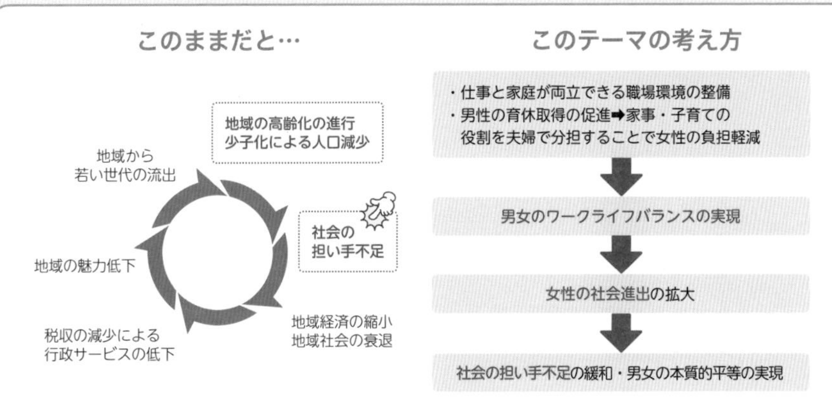

②「ジェンダー・ギャップ指数」とは

- 世界経済フォーラムが公表している「**男女格差の度合いを示す指数**」のことである。日本の2023年のジェンダーギャップ指数は、**146カ国中125位**と**過去最低の順位**であり、**主要先進国（G7）**の中では**最下位**となっている。

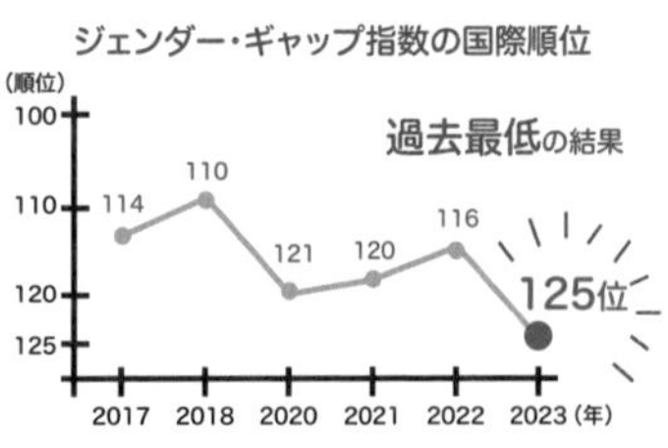

③「ワークライフバランス」とは

- 「**ワークライフバランス**」とは、「**仕事と生活の調和**」を目指すこと。具体的には、全ての労働者が、仕事とプライベートとの調和を図り、その両方で充実しながら、豊かな生活を実現させる働き方や生き方をいう。

- ワークライフバランスを推進する取組として、**働く時間**や**働く場所**の**多様化（選択肢を増やす）**が挙げられる。例えば、**時短勤務制度**や**フレックスタイム制**の導入により**働く時間**の**選択肢**を増やしたり、**有給休暇**、**育児休暇**、**介護休暇**を取りやすい環境づくりがある。また、**テレワーク**によって、通勤時間を省いたり、子育てをしながら自宅で仕事ができるなど、**働く場所**にとらわれない働き方を増やすことがあげられる。

テレワークについてはテーマ⑩

④「M 字カーブ」とは

- 女性の**労働力率**を**年齢別**に描いたときの形が「M 字」になること。

- M 字カーブは、女性が学校卒業後に**就職**するが、結婚や出産を機に**離職**し、育児が一段落したら**再び働く**ケースが多いことを現わしている。つまり「**仕事と家庭の両立が難しい**」という社会を象徴している。近年、M 字カーブは少しずつ**解消**されつつある。

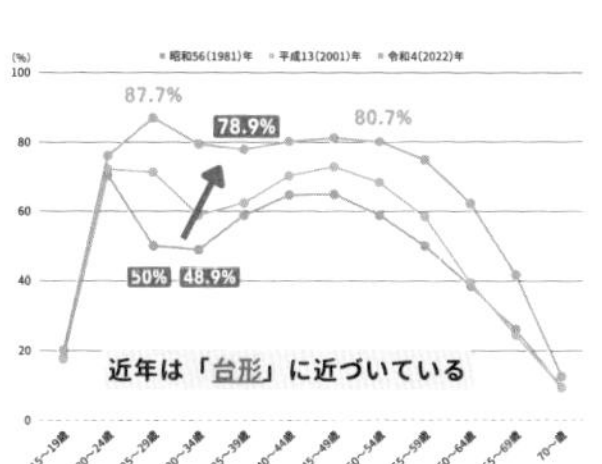

⑤「L 字カーブ」とは

- 女性の**正規雇用比率**を年齢別に描いたときの形が「**L 字**」になること。

- L 字カーブは、出産・子育てのために離職をした女性が、再度働くとき「**正規雇用**」ではなく、パートやアルバイトなどの「**非正規雇用**」となってしまうケースが多いことを現わしている。つまりこれも「**仕事と家庭の両立が難しい**」という社会を象徴している。

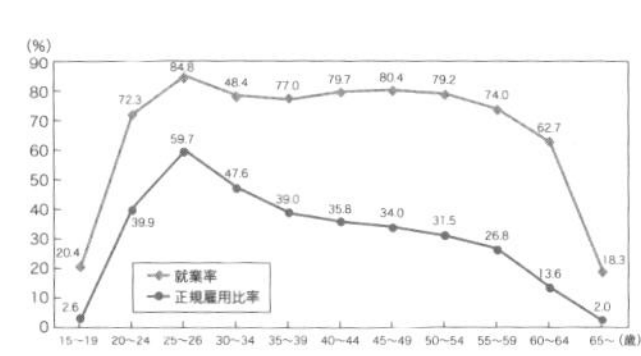

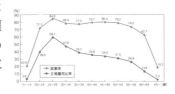

取組事例

▶「えるぼし認定」［厚生労働省］

厚生労働省は「**女性の活躍**」を推進している企業のうち、その取組実績が優良である企業を「**えるぼし**」に認定している。認定を受けた企業は厚生労働省のホームページに掲載されたり、自社の製品や広告、採用活動において認定マークを使用することができるため、企業ブランドの向上、イメージの向上による優秀な人材の確保が期待できる。

▶「くるみん認定」［厚生労働省］

厚生労働省は「**女性の仕事と子育ての両立**」を推進している企業を「**くるみん**」に認定している。その目的は、ワークライフバランスの実現に取り組み、少子化の流れを食い止めることであり、認定を受けた企業は、上記「えるぼし認定」と同様のメリットがある。

▶ハッピーパートナー企業制度［新潟県］

新潟県は、男女がともに働きやすく、仕事と家庭の両立ができるよう職場環境を整えたり、女性労働者の育成・管理職登用などに積極的に取り組む企業等を「**ハッピー・パートナー企業**」として登録し、その取り組みを支援している。

▶TOKYOパパ育業促進企業登録マーク［東京都］

東京都は、男性社員が当たり前に**育業**をできる職場環境を整備するために、男性従業員の育業取得率を一定割合達成している企業へ「**TOKYOパパ育業促進企業登録マーク**」を付与している。付与を受けた企業は、東京都ポータルサイト内で公表されるとともに、経営者のインタビュー動画等を発信するなど、男性の育業に関する普及啓発を行っている。

災害対策

問題 A 市が取り組むべき災害対策について述べなさい。

重要ワード

災害大国、南海トラフ地震、首都直下地震、災害の頻発化・激甚化、SDGs 目標 11·13、国土強靭化、自助、共助、公助、防災力の向上、家具類の固定、ハザードマップ、公助の限界、自主防災活動、防災訓練、防災ワークショップ、公共インフラの老朽化、事後保全、予防保全

答案メモ

ブロック①

- 災害の**現状**（災害大国、大型地震の発生確率、災害の頻発化・激甚化など）

ブロック②

- 災害に強いまちづくりのために**自助、共助、公助の連携による防災力の向上**に取り組んでいく。

ブロック③

- 第一は、**自助の取組**である。
- 第二は、**共助の取組**である。
- 第三は、**公助の取組**である。

ブロック④

- 三助の連携を強化しながら**地域の防災力の向上**に取り組んでいく。

合格記載例

ブロック①

日本は世界有数の災害大国であり、南海トラフ地震と首都直下地震の発生確率は30年以内に70%以上と想定されている。さらに近年では、豪雨災害や土砂災害が頻発化、激甚化するなど、A市での災害対策は喫緊の課題である。また、世界的にも自然災害の発生件数は増加しており、SDGsでも「**災害に強いまちづくり**」や「**気候変動による災害に備えた災害対策**」が挙げられている。

ブロック②

このような状況のもと、政府は災害に強い国づくりとして国土強靭化に取り組んでいる。そこで、A市でも、災害に強いまちづくりのために、自助、共助、公助の連携による**防災力の向上**に取り組んでいく。以下、具体的に述べる。

ブロック③

第一は、自助の取組である。災害時にまず重要となるのが「自分の身は自分で守る」という自助である。しかし、「天災は、忘れたころにやってくる」といわれるように、人々の災害に備える自助の意識は時とともに風化していく。そこで、行政の重要な役割として、防災意識を喚起し災害への備えについて粘り強く呼びかけていくことが求められる。具体的には、学校では、地域で起こりやすい災害を想定した防災教育に力を入れていく。また、地震災害での負傷の原因の多くは、家庭内での家具類の転倒・落下であることから、家庭での家具類の固定を呼びかけていく。さらに、ハザードマップや避難経路の確認、水や非常食の準備を呼びかけるなど自助の強化に取り組んでいく。

第二は、共助の取組である。災害発生時、行政による迅速な救助は難しく「公助の限界」が生じる。そこで、「自分たちの地域は自分たちで守る」という**共助**が重要になる。しかし近時、地域のつながりは希薄化しており共助の力は弱まっている。そこで、A市の各地域での自主防災活動を後押ししていく。例えば、自治会や消防団と連携して、子どもから高齢者までが気軽に参加できる防災訓練や**防災ワークショップ**を開催していく。そのなかで、住民同士での交流を図りながら、災害直後での初期消火、応急救護、避難誘導といった**初動対応**を体験してもらう。このように、住民同士が交流できるイベントをきっかけに共助のネットワ

> SDGs目標11のターゲット「災害に強いまちづくり」

> SDGs目標13のターゲット「気候変動による災害に備えた災害対策」

> このテーマでは、「自助」「共助」「公助」の三つの視点から考えていくことが重要なポイントになります。

> 災害対策で重要なのが「共助」です。テーマ⑪の「地域コミュニティの活性化」でも取り上げていますが、この部分はしっかりと押さえておきましょう。

> 防災についての「体験」と「学習」を目的としたイベントです。例えば、災害被害を擬似体験したり、過去の被害写真や資料に触れることで防災意識を高めることができます。

> 自然災害など「緊急事態」が発生した「直後」の対応のことです。

ークを広げていく。

第三は、公助の取組である。現在、高度経済成長期に集中的に建築された、道路、橋、トンネル、上下水道、公共施設などの公共インフラが急速に老朽化しており、大規模災害が発生すると甚大な被害につながるおそれがある。しかし、これらインフラの整備には膨大な費用がかかるため、国や自治体では予算不足が課題となる。そこで、インフラに不具合が生じてから対策を行う「事後保全」ではなく、インフラに不具合が生じる前から計画的に対策を行う「予防保全」への転換を進めていく必要がある。国の推計では、予防保全の場合、事後保全と比べて約3割以上のコスト削減効果があるとしている。このように、限りのある財源のもとインフラの強靭化に取り組んでいく。

ブロック④

以上を踏まえて、いつどこで発生するか分からない災害から、住民の安全・安心を守るためは、自助、共助、公助という「三助」の連携が重要となる。そこで、A市職員として、災害に対する危機意識を持ち、三助の連携を強化しながら地域の防災力の向上に取り組んでいく。

1300字

このテーマのポイント

①「災害大国」について

- 日本は他国と比較しても、大雨・台風、土砂崩れ、地震、津波、火山、雪害など多くの自然災害が発生ており、なおかつ、近年では災害が**激甚化・頻発化**している。※「激甚化」とは、災害が非常に激しくなっていこと。
- 日本の国土面積は全世界の**1％未満**であるが、全世界で起こったマグニチュード６以上の地震の**約 20%** が日本周辺で起こっている。

②「南海トラフ地震・首都直下地震」について

- **南海トラフ地震**とは、静岡県から宮崎県にかかるプレート境界で発生が予想されている大規模地震のことで、**首都直下地震**とは、南関東で発生が予想されている大規模地震のことである。
- 政府の調査では、**首都直下地震**は **30 年以内に 70% 程度**、**南海トラフ地震**が **30 年以内に 70 ～ 80%** とされています。

<想定される大規模地震>

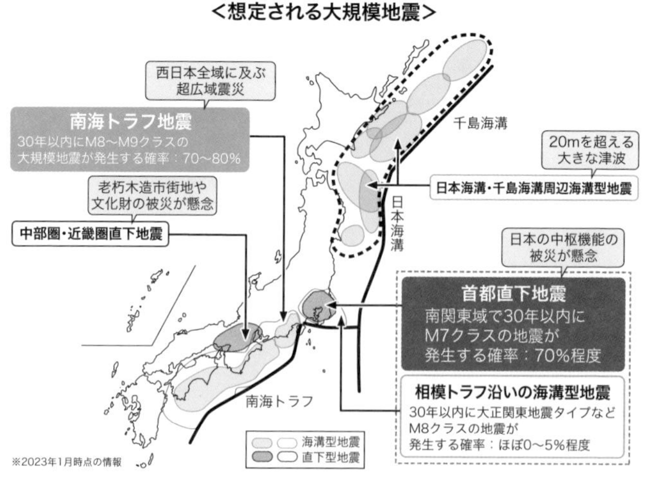

③「国土強靭化」とは

- **国土強靭化（こくどきょうじんか）**とは、地震や津波、台風などの自然災害に強い国づくり・地域づくりを行い、大災害が発生しても**人命保護・被害の最小化・経済社会の維持・迅速な復旧復興**ができるよう目指す取組のこと。

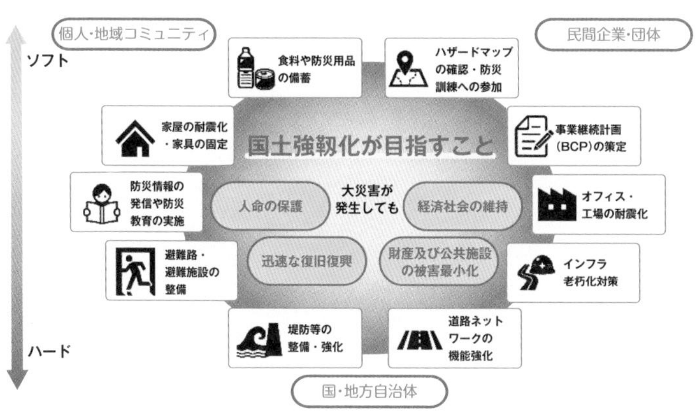

④「自助」について

- **自助**とは「**自分の身は自分で守る**」ことであり、**災害対策の基本**となる。例えば、災害に備えて、近隣の危険場所を**ハザードマップ**で確認すること、避難場所への経路を確認すること、水や非常食を備蓄することなどが挙げられる。※「ハザードマップ」とは、自然災害によって想定される被害の範囲や災害リスクを地図化したもの。

- また、地震災害での**負傷の原因**の 30 ～ 50%は、家具類の転倒・落下・移動である。そのため、**家具類**（本棚・食器棚・タンスなど）の**転倒防止対策**や、転倒してもドアや避難経路をふさがないような**配置の変更**も重要な自助となる。

- 「天災は、忘れたころにやってくる」といわれるように、「**自助の意識**」は年月が経つにつれて風化していくものである。そこで、**行政の重要な役割**として、常日頃から住民の**防災意識**を喚起すること、子ども達へ**災害教育**を行うこと、**災害への備え**について粘り強く呼びかけていくことなどが求められる。

⑤「防災教育」とは

- **防災教育**とは、災害についての基礎知識を学び、災害時での生き抜く力や、率先して周囲の人々や地域の安全を支える力を育てる教育のこと。

- 東日本大震災発生時、岩手県釜石市の児童生徒は、日頃から**防災教育**で学んでいた「**津波に備える行動**」を自主的に実践した。その結果、学校は津波にのまれたが、児童生徒は全員無事に避難することができた。このことは「**釜石の奇跡**」と呼ばれ、**防災教育**の重要性が再認識されるきっかけとなっている。

⑥「共助」について

- **共助**とは「**自分たちの地域は自分たちで守る**」というように、**災害時に地域住民同士で助け合うこと**をいう。

- 災害発生時、行政（消防、警察、自衛隊、医療機関）に迅速な救助を求めることは難しく「**公助の限界**」が生じる。そこで、平常時から、災害時に地域で助け合える体制をつくること、つまり「**共助力を高めておくこと**」が重要である。

- 1995 年の阪神・淡路大震災では、一番多くの人命を救助したのは地域の住民による「**共助**」であったといわれている。現在、多くの自治体が**地域の共助力**を高めるために「**自主防災活動**」の促進に取り組んでいる。

⑦「自主防災活動」とは

- **自主防災活動**とは、主に町内会や自治会がベースとなり、地域住民が自主的に連携して行う防災活動のことである。

- 例えば、消火訓練、避難訓練、炊き出し訓練、防災ワークショップ、防災資機材の点検整備、地域の危険場所・避難経路・避難場所の確認、災害時に配慮が必要な住民（高齢者や乳幼児など）の支援体制づくりなどがある。

- 平常時から、**自主防災活動**によって「**地域の防災力**」を高めておくことで、災害発生直後での**初動対応**（初期消火、負傷者の応急救護、住民の安否確認・避難誘導など）が円滑に行われ、**災害被害**を**最小限に抑える**ことができる。

⑧「公助」について

- **公助**とは、国や自治体、消防、警察、自衛隊といった行政による援助のことをいう。また、災害に備えて**インフラ**（幹線道路、橋、トンネル、上下水道、公共施設など）を整備したり強化することも含まれる。

⑨「公共インフラの老朽化」について

- 現在、高度経済成長期以降に集中的に建築された、道路、橋、トンネル、上下水道、公共施設などの**公共インフラ**が**急速に老朽化**しており、大規模災害が発生すると甚大な被害につながるおそれがある。
- しかし、インフラのメンテナンスには、**莫大な費用**がかかってしまうため、国や自治体では**予算不足**が課題となっている。
- そこで政府は、老朽化が進むインフラへの対策として、「**予防保全**」型メンテナンスへの転換を進めている。
- 従来のインフラメンテナンスは、インフラに**不具合が生じてから**対策を行う「**事後保全**」であったが、インフラに**不具合が生じる前から計画的**にメンテナンスを行う「**予防保全**」に転換することで、1年当たりの費用が3割程度減少するとされている。

30年間の維持管理等コスト（合計）	
事後保全	約280兆円
予防保全	約190兆円

約３割削減

※ 2019年度から2048年度までの推算値

取組事例

▶ 東日本大震災・釜石の奇跡［総務省消防庁］

総務省消防庁は「**防災・危機管理 e - カレッジ**」で、防災・危機管理についての学びの場を提供している。そのなかで、東日本大震災での「**釜石の奇跡**」について分かりやすく動画で解説している。

▶ 防災教育ポータル［国土交通省］

国土交通省は「**防災教育ポータル**」で、防災教育で役立つ動画教材や事例集を紹介している。学校現場での教員が利用するだけではなく、地域での防災イベントなどで活用することができる。

▶ 消防白書（令和 3 年版 ）［総務省消防庁］

総務省消防庁は「消防白書」で、「**住民等の自主防災活動**」について詳しく説明している。

▶ 区民レスキュー隊［荒川区］

荒川区は、大規模な地震等が発生した場合、区や消防、警察などによる迅速な救出は難しいため、自主防災組織として「**区民レスキュー隊**」の結成を支援している。

▶ 国土交通白書 2020［国土交通省］

国土交通省は「国土交通白書 2020」の中で、「**事後保全**」から「**予防保全**」への転換について説明している。

多文化共生社会

問題 今後、A 市に住む外国人の増加が見込まれているが、外国人が地域で働き、学び、生活していくうえでの課題について挙げ、それらの課題に対してどのように取り組むべきか述べなさい。

▶ 重要ワード

在留外国人、外国人住民、グローバル化、言語の壁、多文化共生社会、外国人住民への生活オリエンテーション、多言語対応の相談窓口、アウトソーシング、防災イベント

▶ 答案メモ

ブロック①

- 在留外国人の**現状**
- 在留外国人が増加している**背景**（留学生や外国人労働者の受入拡大など）
- 外国人住民が生活するうえでの**問題点**（コミュニケーション不足による孤立）

ブロック②

- **多文化共生の推進**に取り組んでいく。

ブロック③

- 第一は、**生活ルールの理解促進**である。
- 第二は、**相談窓口の充実**である。
- 第三は、**外国人住民と連携した災害対策**である。

ブロック④

- **多文化共生社会**のビジョンを共有しながら、国や企業、支援団体や地域住民など様々な主体と連携して取り組んでいく。

合格記載例

ブロック①

現在、日本における在留外国人は300万人を超えて増加しており、また多国籍化している。A市でも外国人住民は増加傾向にある。その背景には、少子高齢化による働き手不足によって、政府が留学生や外国人労働者の受け入れを拡大したことや、グローバル化の影響により日本で働く外国人労働者や国際結婚が増加している状況がある。そして、近時、外国人が地域で生活するうえで、言語や文化、習慣の違いからうまくコミュニケーションを取れずに、地域社会から「**孤立**」してしまうケースが増えている。

外国人住民が地域から「孤立」してしまうと、地域住民との対立が生じたり、生活上の困りごとを抱え込んでしまったり、災害時に協力関係が築けないなど、様々な問題を引き起こします。

ブロック②

このような状況のもと、政府は、国籍の異なる人々がお互いの文化の違いを認め合い、対等な関係を築きながら共存していく多文化共生社会の実現を目指している。そこで、A市でも、多文化共生の推進に取り組んでいく。以下、具体的に述べる。

ブロック③

第一は、生活ルールの理解促進である。近年、日常生活でのゴミ出しの方や騒音の問題で、外国人住民と日本人住民との間でトラブルとなるケースが増えている。このようなトラブルの多くは、文化や生活習慣の違いから生じている。そこで、生活ルールの理解促進に取り組んでいく。例えば、A市の生活ルールについて多言語で伝えるパンフレットを作成したり、ユーチューブ動画で分かりやすく解説していく。そして、転入手続きなどで来庁した外国人に、これらのパンフレットや動画を使った簡単な**生活オリエンテーション**を行うなど、生活ルールの理解促進に取り組んでいく。

第二は、相談窓口の充実である。現在、外国人住民が日本語の不自由さから、雇用、医療、出産、教育などの生活上の困りごとを、行政に相談できずに抱え込んでしまうケースが増えている。そこで、多言語に対応した**相談窓口**を整備していく。例えば、自治体の相談窓口に多言語対応のタブレットを配置したり、オンラインでの多言語通訳を民間企業へ**アウトソーシング**することも検討していく。また、相談窓口の存在自体を知らないケースも多いため、相談窓口専用のフェイスブックアカウントで窓口の存在を発信し

オリエンテーションとは、新しく入ってきた人が、新しい環境に慣れるために行う説明会のこと。

現在、多くの自治体で、多言語対応の相談窓口の整備が進められています。

アウトソーシングとは、行政が、事務や事業を民間企業に委託すること。多くの自治体では、職員数が減少しており、限られた人員で多様化、複雑化する住民サービスに対応していくことには限界が生じています。そこで、多くの自治体で定常的な業務のアウトソーシングが進められています。

たり、外国人世帯に相談窓口を案内する「お知らせハガキ」を送付するなど、相談窓口の認知拡大に取り組んでいく。

第三は、外国人住民と連携した災害対策である。現在、外国人住民の自治会や町内会への加入率は低く、地域とのつながりは希薄な状況である。このような状況で大規模災害が発生すれば、「自分たちの地域は自分たちで守る」という**共助**の力を発揮することが難しい。そこで、外国人住民と地域住民との交流を通して地域の防災力を高めていく。具体的には、外国人労働者が多い地域企業や日本語学校、留学生会と連携して、地域での防災イベントへの参加を呼びかけていく。そして、防災イベントでの**交流**によって、住民同士のつながりを深めながら地域の防災力を高めていく。

詳しくはテーマ④で解説しています。

長年、地域に住んでいる外国人住民には、相互交流のキーパーソンとして活躍してもらうこともあります。

ブロック④

以上を踏まえて、地域での相互交流から相互理解を促進し、さらには地域の抱える課題に対して相互連携できるまちづくりを進めていく。そのために、多文化共生社会のビジョンを共有しながら、国や企業、支援団体や地域住民など様々な主体と連携して取り組んでいく。

1258字

このテーマのポイント

①「在留外国人」について

在留外国人の現状

- 在留外国人とは、日本に居住している外国人のことで、**中長期在留者**と**特別永住者**のことを指す。※ 観光客など３カ月以下の短期滞在者は在留外国人には含まれない点に注意する。
- **在留外国人数**（2023 年６月末時点）は **322 万人**を超えて**過去最高**を更新した。
- **在留外国人の国籍**は、①中国、②ベトナム、③韓国、④フィリピンの順番で多く、**在留資格**は、①永住者、②技能実習、③技術・人文知識・国際業務、④留学、の順に多い。**在留外国人数が多い都道府県**は、①東京都、②愛知県、③大阪府、④神奈川県、の順である。

在留外国人増加の背景

- 少子高齢化による**働き手不足**から、政府が**留学生**や**外国人労働者**（技能実習）の**受入れを拡大**している。
- **グローバル化の影響**によって、日本で働く**外国人労働者**や**国際結婚**が増加している。

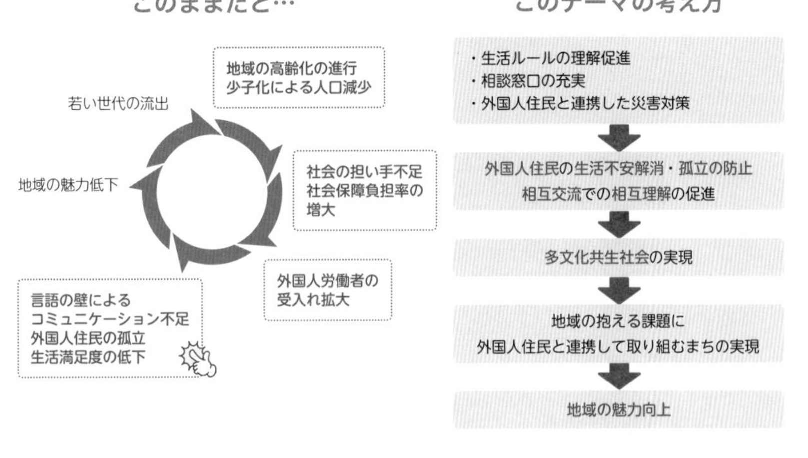

② 日本で生活する上で在留外国人が困っていること

コミュニケーションについて

- 在留外国人は**日本語の不自由**さから「病院で症状を正確に伝えらない」や「自治体の窓口で困りごとを正確に伝えられない」といった意見がある。また、在留外国人の要望として「公的機関の発信情報をもっと多言語にして欲しい」「病院や自治体の窓口に多言語通訳が欲しい」といった意見が多い。

生活面について

- 日本で生活する上で必要となる**生活オリエンテーション**を「受けたことがある」は、**全体の 35.6%**に留まっている（ISA：令和３年度 在留外国人に対する基礎調査）。公的機関に相談する際に「どこに相談すればよいか分からない」「多言語翻訳アプリが配備されていない」「相談窓口が少ない」などの意見がある。それ以外にも「ゴミ出し日のような生活ルールの説明を多言語にして欲しい」「災害情報や災害対策について多言語で知りたい」などの意見がある。

③「多文化共生」とは

- 国籍や民族などの異なる人々が、**互いの文化的差異を認め合い、対等な関係を築こうとしながら**、地域社会の構成員として共に生きていくこと。総務省の「**地域における多文化共生推進プラン**」では、①コミュニケーション支援、②生活支援、③意識啓発と社会参画支援、④地域活性化の推進やグローバル化への対応を掲げている。

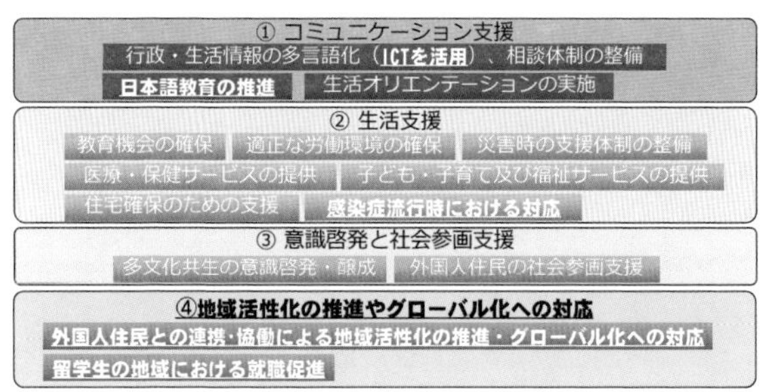

取組事例

▶ 生活・就労ガイドブック［出入国在留管理庁］

法務省は、日本で暮らす外国人が、安全・安心に生活するために必要な情報を、多言語で説明する「**生活・就労ガイドブック**」を公開している。

▶ 外国人住民のための生活マナーマニュアル［仙台市］

仙台市は、「外国人住民向けリーフレット」を公開している。

▶ 生活マナー動画［仙台観光国際協会］

仙台観光国際協会は、生活マナー動画「外国人住民のための暮らしのガイド」を多言語で YouTube 配信している。

▶ 多言語 AI チャットによる情報発信［港区］

港区は、生活に不安を抱える外国人のために、**AI を活用**してチャット形式で、生活の中で生じる疑問や行政情報の問合せに、24 時間 365 日、自動回答するサービスを行っている。

▶ 外国人向け相談体制の整備に関する実態調査［総務省］

総務省は、地方公共団体による窓口運営の参考になるよう、相談窓口の設置場所や周知方法などの事例について紹介している。

▶ ふくい外国人コミュニティリーダー［福井県］

福井県は「外国人県民が安心して暮らせる福井」を目指し、災害時の自助・共助等の担い手として活躍する「ふくい外国人コミュニティリーダー」を認定して、その活動を支援している。

テーマ6 自治体のDX

問題 A市では、「DX アクションプラン」を策定し、デジタル市の達成を目指している。そこで、A市がデジタルトランスフォーメーションを推進するために取り組むべき施策について述べなさい。

重要ワード

デジタルトランスフォーメーション、DX、行政手続のオンライン化、マイナンバーカード、キャッシュレス化、内部事務、新技術、AI、AI-OCR、ディープラーニング、デジタルデバイド、誰一人取り残さないデジタル社会、デジタル活用支援、情報セキュリティ対策、セキュリティポリシー

答案メモ

ブロック①

- A市の少子高齢化の**現状**（高齢化率・合計特殊出生率など）
- 少子高齢化が社会に与える**影響**（社会の担い手不足・行政サービスの水準低下）

ブロック②

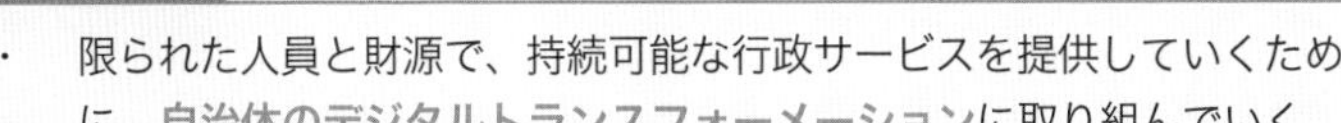

- 限られた人員と財源で、持続可能な行政サービスを提供していくために、**自治体のデジタルトランスフォーメーション**に取り組んでいく。

ブロック③

- 第一は、**行政手続のオンライン化**である。
- 第二は、**内部事務の DX** である。
- 第三は、**デジタルデバイドの解消**である。
- 第四は、**情報セキュリティの強化**である。

ブロック④

- **自治体の DX** を進めていくことで、職員の事務作業を軽減し、捻出できた時間や人員を、より良い行政サービスの提供につなげていく。

合格記載例

ブロック①

現在、日本では少子高齢化が急速に進み、2008年をピークに総人口は毎年減少している。そして、A市の高齢化率は●%と（国より）高い水準である。一方で、合計特殊出生率は●%と（国より）低い水準であり、少子高齢化の進行は深刻な状況である。今後、少子高齢化が加速すると、A市では深刻な担い手不足となる。また、税収の減少により行政サービスの水準が低下してしまうなど、社会経済全体に重大な影響を及ぼすことになる。

ブロック②

このような状況のもと、限られた人員と財源で、持続可能な行政サービスを提供していくために、自治体のデジタルトランスフォーメーション（以下「DX」という）に取り組んでいく。以下、具体的に述べる。

ブロック③

第一は、行政手続のオンライン化である。従来の行政手続は、住民が市役所に出向いて窓口を探し、書類に記入して順番を待ち、場合によっては他の窓口に案内されるなど、手続を行う住民の負担は大きい。そこで、行政手続のオンライン化によって住民の利便性を向上させていく。具体的には、**より多くの行政手続**をマイナンバーカードとスマートフォンで行えるようにシステム環境を整備していく。加えて、手数料等の支払いはクレジットカード決済などキャッシュレス化を進めていく。（**そのためには**、システム導入に必要なコスト面での課題や、DX人材の不足といった課題があるが、国や都道府県、近隣自治体、システム開発企業と連携しながら取り組んでいく。）

第二は、内部事務のDXである。従来の内部事務は、住民が記入した書類を、職員が一件ずつチェックしながら手作業でシステム入力するなど、作業をする職員の負担は大きい。加えて、新型コロナウイルス関連の給付金のように、膨大な件数を処理する場合には人為的なミスが起きる可能性がある。そこで、新技術を導入することで内部事務の効率化を図っていく。例えば、AI-OCRを導入することで、手書きの書類を自動的に読み取って文字データに変換することができ、仮に文字認識を間違えてもAIがディープラーニングによって文字認識率を高めることができる。

「従来の行政手続」での課題について触れています。

現在、多くの自治体が行政手続のオンライン化に取り組んでいますが、オンライン化された行政手続は、まだまだ多いとはいえません。そこで、「より多くの行政手続を」という書き方にしています。

( ) の部分は、記載しなくても大丈夫ですが、余力があったら書いてみてください。

「行政の内部事務」での課題について触れています。

このように、新技術を導入することで事務作業の効率化を図っていく。

　第三は、デジタルデバイドの解消である。**現在**、高齢化と社会のデジタル化が同時に進行しているため、デジタルデバイドの解消が課題となっている。そこで、誰一人取り残さないデジタル社会の実現に取り組んでいく。例えば、高齢者が「身近な場所」で、ボランティアやパソコン教室、携帯ショップのスタッフなど「身近な人」から、スマートフォンの使い方を学べるデジタル活用支援に取り組んでいく。

　第四は、情報セキュリティの強化である。自治体には、住民の個人情報や企業の経営情報など、多くの重要情報が保有されている。このような状況で、個人情報の流出やシステムトラブルが発生すると、社会経済活動に重大な影響が生じてしまう。そこで、政府のガイドラインや自治体独自のセキュリティポリシーに基づいて、情報セキュリティを強化していく。

ブロック④

　以上を踏まえて、自治体のＤＸを進めていくことで、職員の事務作業を軽減し、捻出できた時間や人員を、**より良い行政サービス**の提供につなげていく。そのためには、Ａ市の「ＤＸアクションプラン」のビジョンを共有しながら、国と近隣自治体、企業やＮＰＯなど様々な主体と連携して取り組んでいく。

1360字

「デジタルデバイドの解消」と「情報セキュリティの強化」は、自治体のDXを推進していくうえで課題となります。

自治体のDXを進めていくうえで非常に重要な部分になります。

このテーマのポイント

① デジタルトランスフォーメーション（DX）とは

- デジタル技術を用いてビジネスモデルや業務をよりよく変えていくことであり、**利便性**や**生産性**の**向上**、**コストの削減**のみならず、新しいビジネスモデルの構築など「**新たな価値の創造**」も含まれている。

② DX が求められる背景

世界的な潮流

- あらゆる産業分野に Google、Amazon、Facebook、Apple のようなデジタル技術を活用した新しい製品やサービス、ビジネスモデルが生まれている。このような世界的な潮流のもとで、日本の**国際競争力**を高めていくために DX を推進していく必要がある。しかし、2022 年の**日本のデジタル競争力ランキング**は、63 カ国中 29 位と**過去最低の水準**にある。

少子高齢化による社会の担い手不足

- 少子高齢化の急激な進行により、社会の担い手不足が深刻な問題となる。そこで、持続可能な日本社会のためにも、DX を推進することで労働生産性を向上させていくことが重要である。

- また、人口減少の影響で税収が減っていくなか、限られた人員と財源のもとで「持続可能な行政サービス」を提供していくためには、行政の DX が重要になってくる。

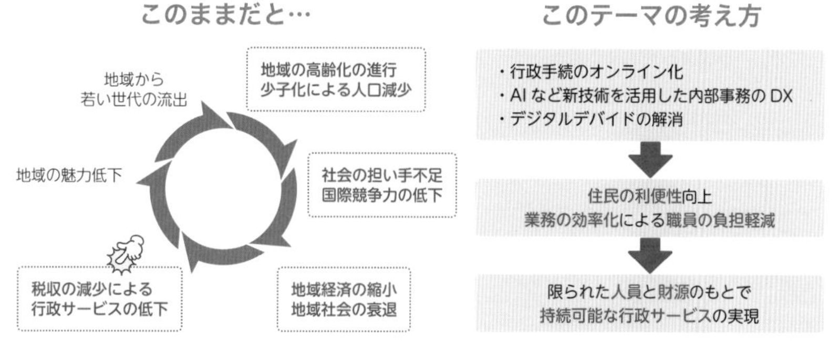

③ 自治体のDX推進

- 現在、多くの自治体がDXに取り組み始めているが、自治体のDXを考えるうえで重要となるのが**「四つの視点」**である。以下、それぞれの視点をみていく。

行政手続のオンライン化

- **一つ目の視点**は**「行政手続のオンライン化」**である。これにより、24時間365日いつでも、どこでも行政手続ができる環境を整備し**「住民の利便性」**を向上させることが重要である。
- **従来の行政手続**は、住民が市役所に出向いて窓口を探し、書類に記入して順番を待ち、場合によっては他の窓口に案内されるなど、手続を行う**住民の負担は大きい**。そこで現在、多くの自治体で行政手続のオンライン化が進められている。

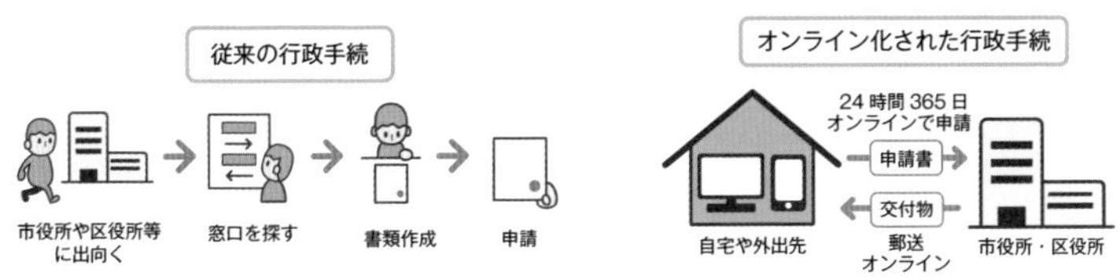

- しかし、行政手続の**オンライン化率**（多種多様な行政手続のうち、すでにオンライン化されている手続の割合）や、**オンライン利用率**（オンライン化されている手続で実際にオンラインで利用されている割合）は、まだまだ**低い**状況である。
- 行政手続の**オンライン化率が低い理由**には、①DXに必要な**予算**の確保が困難、②デジタル技術など専門的知識を持った**DX人材**の不足、③紙ベースのアナログ方式が定着しておりオンライン化への根強い抵抗などがある。
- 行政手続の**オンライン利用率が低い理由**には、①情報セキュリティやプライバシー漏えいへの不安、②利用者のデジタルリテラシー不足などがある。これについては、三つ目、四つ目の視点でみていく。

地方公共団体が優先的にオンライン化を推進すべき手続のオンライン利用状況の推移（情報通信白書令和3年版）

もう一歩前に

デジタル庁は、自治体窓口の DX（書かないワンストップ窓口）を進めている。これはオンラインでの行政手続ではなく、実際に市役所や区役所の窓口で手続を行う場面での新しい取組みである。例えば、引越しでの転入・転出届や戸籍の届出などの手続を行う際、自治体職員が住民から申請内容を聞き取り「窓口業務支援システム」へ入力していく。そして、住民は出来上がった申請書を確認しサインをするだけで申請書が完成する。これにより、いちいち申請書を探したり、書き方を尋ねたり、住所や名前を何度も書くことがなくなる。また、職員が入力した内容はリアルタイムに自動処理されるため、職員の負担も軽減される。詳しくは「取組事例」で紹介する。

内部事務の DX

- **二つ目の視点**は、自治体の「**内部事務の効率化**」である。これにより、**職員の負担**を減らし、捻出できた時間や人員を、より良い行政サービスの提供にあてていくことが重要である。
- **従来の内部事務**は、住民が記入した紙ベースの書類を、職員が一件ずつチェックしながら手作業でデータ入力をするなど、作業をする**職員の負担**は大きい。また、新型コロナウイルス関連の給付金のように、膨大な件数を処理する場合には、人為的なミスが起きる可能性がある。
- そこで現在、多くの自治体が取り組んでいるのが、住民から受けた申請データの**チェック作業**や、基幹システムへの**入力作業**の**効率化**である。例えば、大阪府豊中市は、内部事務に **RPA・AI-OCR** を導入したことで、**年間約 10,400 時間**を削減している。詳しくは「取組事例」で紹介する。

RPA とは

「Robotic Process Automation」のことで、人間がパソコンで行う**データ入力等の作業を、自動的に行ってくれるロボット**のこと。大量のデータ入力作業を人手を介さずにできるため、業務の効率化を期待できる。

OCR とは

OCR

「Optical Character Reader」のことで、画像や書類に記載されている文字をスキャンして解析し、**文字データに変換する技術**のこと。大量の文書でも人手を介さずに文字データ化できるため、業務の効率化を期待できる。

AI-OCR とは

AI × OCR

AI と **OCR** を組み合わせたのが **AI-OCR** である。従来の **OCR** ではプログラムされた範囲内でしか文字を識別できなかった。しかし、**AI-OCR** であれば、手書きされた文書のパターンを AI が自動的に学習して、人間と同じように文字データに変換することができる。また、もし AI が文字認識を間違えてもディープラーニングを行い文字認識率を高めることができるため、大幅な業務の効率化が期待できる。

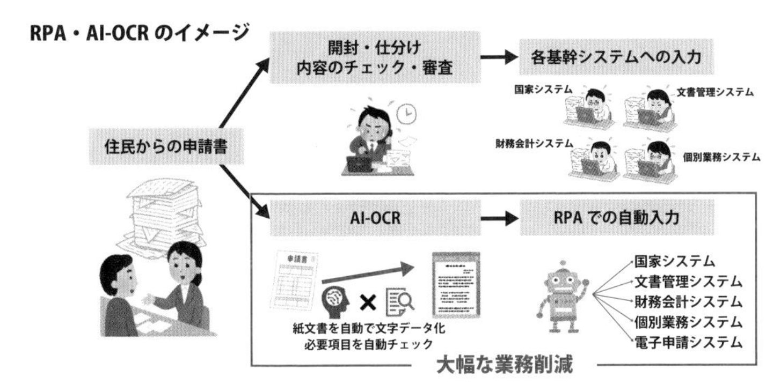

デジタルデバイドの解消

- **三つ目の視点**は「**デジタルデバイドの解消**」である。デジタルデバイドとは、コンピュータやインターネットなどの情報技術を使える人と、使えない人の間に生じる格差のことである。

- 前述したように、行政手続のオンライン利用率が低い理由に「**利用者のデジタルリテラシー不足**」が挙げられる。そこで、政府は「**誰一人取り残さないデジタル社会**」を実現するために、高齢者を中心とした**デジタルリテラシー**の向上に取り組んでいる。

- 例えば、高齢者等が「身近な場所」で「身近な人」からデジタル機器の使い方を学べる環境づくりとして「**デジタル活用支援**」に取り組んでいる。詳しくは「取組事例」で紹介する。

情報セキュリティの強化

- **四つ目の視点**は、「**セキュリティ対策**」である。自治体には、住民の個人情報や企業の経営情報など、多くの重要情報が保有されている。このような状況で、個人情報の流出やシステムの停止といった問題が発生すると、社会経済活動に重大な影響が生じてしまう。

- また前述したように、行政手続のオンライン利用率が低い理由に「**情報セキュリティやプライバシー漏えいへの不安**」が挙げられる。そこで、政府のガイドラインや自治体独自のセキュリティポリシーに基づいて、**情報セキュリティを強化**していくことが重要である。

取組事例

▶ DX 参考事例集［総務省］

総務省は、フロントヤード「**オンライン行政サービス**」「**窓口改革**」と、バックヤード「**内部事務**」について、参考になる自治体の取組をまとめている。

▶ 行政手続のオンライン化［岡山県鏡野町］

岡山県鏡野町は、マイナンバーカードとスマートフォンを利用して、各種申請・届出を**オンライン化**している。また、手数料の支払いは、クレジット決済によるキャッシュレス化を図っている。

▶ 自治体窓口の DX（書かないワンストップ窓口）

デジタル庁は、**書かないワンストップ窓口**の普及を進めており、これを受けて、北海道北見市は、書かないワンストップ窓口に取り組んでいる。

▶ 内部事務の効率化［大阪府豊中市］

大阪府豊中市は、自治体の業務に **RPA・AI-OCR** を導入したことで、年間約 10,400 時間を削減している。また、業務フローの見直しやデジタル化、RPA の導入によって、１人当たりの時間外勤務を 17.5% 削減している。

▶ デジタル活用支援［総務省］

総務省は、スマートフォンを使ったオンラインでの行政手続についての、アドバイスを行う「**講習会**」を、全国の携帯ショップ等で開催している。

テーマ7　地域社会のデジタル化

問題 暮らしや産業などの各分野での地域課題を、デジタル技術を活用して解決していくために、A市が取り組むべき施策について述べなさい。

重要ワード

地域社会のデジタル化、AI、持続可能な地域社会、ドローン、スマート農業、産学官連携、2025年問題、介護需要、介護難民、交通難民、自動運転技術

答案メモ

ブロック①

- A市の少子高齢化の**現状**（高齢化率・合計特殊出生率など）
- 少子高齢化が社会に与える**影響**（担い手不足・地域機能と活力の低下など）

ブロック②

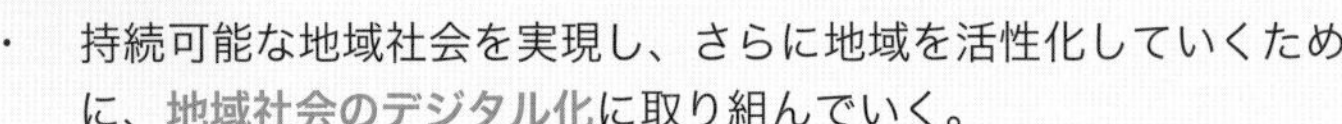

- 持続可能な地域社会を実現し、さらに地域を活性化していくために、**地域社会のデジタル化**に取り組んでいく。

ブロック③

- 第一は、**農業分野のデジタル化**である。
- 第二は、**介護分野のデジタル化**である。
- 第三は、**交通分野のデジタル化**である。

ブロック④

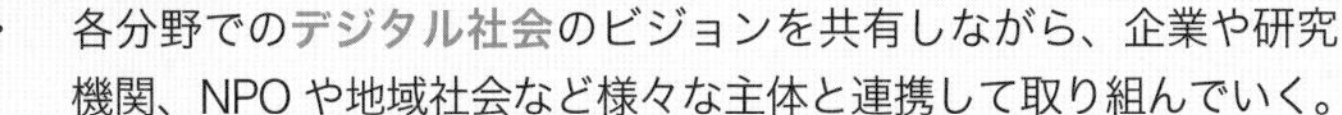

- 各分野での**デジタル社会**のビジョンを共有しながら、企業や研究機関、NPOや地域社会など様々な主体と連携して取り組んでいく。

合格記載例

ブロック①

現在、日本では少子高齢化が急速に進み、2008年をピークに総人口は毎年減少している。そして、A市の高齢化率は●%と（国より）高い水準である。一方で、合計特殊出生率は●%と（国より）低い水準であり、少子高齢化の進行は深刻な状況である。今後、少子高齢化が加速すると、A市では深刻な担い手不足となり、地域機能と活力が低下してしまう。

ブロック②

このような状況のもと、持続可能な地域社会を実現し、さらに地域を活性化していくために、地域社会のデジタル化に取り組んでいく。以下、具体的に述べる。

ブロック③

第一は、農業分野のデジタル化である。**現在**、農産業の分野では、農家の高齢化や後継者不足によって、廃業や耕作放棄地が増加している。そこで、若年層や女性の農業参加を後押しするために**スマート農業**を促進していく。例えば、GPSによる自動走行トラクターや、ドローンによる自動農薬散布、ロボットによる自動収穫技術を浸透させていく。このように、持続可能な農産業のために**産学官連携**のもと新技術の開発や導入を後押ししていく。

第二は、介護分野のデジタル化である。**現在**、介護が必要な高齢者が急増している一方で、介護職員の人手不足が深刻化している。さらに、**2025年**以降では超高齢化社会となり、介護を受けたくても受けることができない「介護難民」の急増が予測されている。そこで、介護分野のデジタル化により介護サービスの向上と介護職員の負担軽減を図っていく。例えば、AIによる高齢者の居室見守りシステムや介助サポートロボットなど新技術の実用化を後押ししていく。

第三は、交通分野のデジタル化である。**現在**、過疎地において運転手不足や不採算などの理由で、路線バスの廃止が増えており、中山間地域での交通空白や交通難民が生じている。そこで、自動運転技術の導入を進めていく。最近では、日本各地において自動運転技術の実証実験が進められており、公道での自動運転バスの運行を開始している自治体もある。このように、持続可能な公共交通サービスを

なぜ農業分野でのデジタル化が必要なのか？つまり「農家の高齢化や後継者不足」といった地域課題に触れています。

ロボット技術やICTを活用して、超省力・高品質生産を実現する新たな農業のこと。

「産学官連携」については、テーマ⑮で説明しています。

なぜ介護分野でのデジタル化が必要なのか？つまり「介護需要の増加と介護職員の人手不足」といった地域課題に触れています。

2025年には、団塊の世代が75歳以上の後期高齢者となり、医療や介護など「社会保障費の増大」が懸念されています。これは2025年問題と呼ばれています。

なぜ交通分野のデジタル化が必要なのか？つまり「交通空白や交通難民の発生」といった地域課題に触れています。

提供するために、産学官連携のもと新技術の開発や導入を後押ししていく。

ブロック④

以上を踏まえて、デジタル技術を活用することで、持続可能な地域社会を実現し、さらに**地域を活性化**していく。そのためには、各分野でのデジタル社会のビジョンを共有しながら、企業や研究機関、NPOや地域社会など様々な主体と連携して取り組んでいく。

972字

「地域社会のデジタル化」のテーマは、テーマ⑧～⑩での地方創生や地域の活性化にも密接に関連してきます。そこで、これらのテーマと関連させて押さえておきましょう。

このテーマのポイント

① 地域社会のデジタル化とは

- テーマ⑥では「**自治体の DX**」というように、DX の対象は**行政機関**であるが、ここで扱うテーマは「**地域社会のデジタル化**」であり、その対象は**地域社会**である。政府は、自治体 DX 推進計画での基本指針で、全ての地域社会のデジタル化を集中的に推進するとしている。

② 地域社会のデジタル化が求められる背景

- 今後、少子高齢化が加速すると、深刻な地域社会の**担い手不足**となり、**地域機能**や**地域の活力**を維持することが難しくなる。そこで、**持続可能な地域社会**を実現し、地域を活性化していくために、**地域社会のデジタル化**が重要になる。

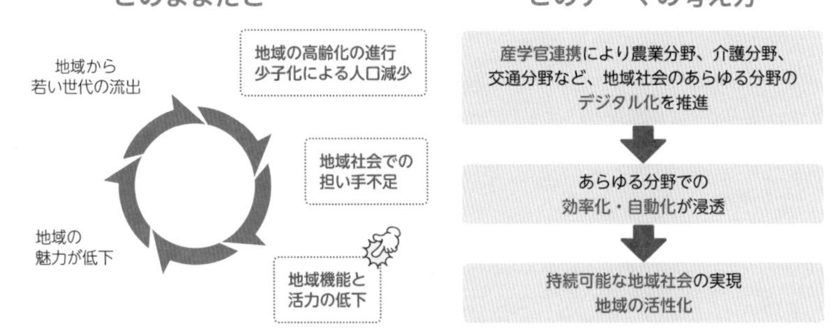

③ デジタル化が進められている分野

- 地域社会でデジタル化が進められている分野は、地域活性化、住民生活、消防・防災、医療・福祉・健康、子育て、教育、農林水産業、商業、工業、観光、交通、土木・インフラ、文化・スポーツなどが挙げられる。ここからは、右の QR コードにある「地域社会のデジタル化に係る参考事例集【第 2.0 版】総務省」から、ピックアップした具体例を紹介する。

参考事例集

地域の活性化

- 江戸川区は、**アプリ**を活用して「**地域で困っている人**」と「**ボランティア**」の**マッチング事業**を行っている。ボランティア希望者は、アプリで応募することで、町会・自治会の清掃活動などに参加することができる。会員の減少に悩む町会・自治会は、この仕組みで人手を集めることで、地域の活性化を図っている。

住民の生活

- 長野県伊那市は、免許返納等で**買い物が困難な住民**をサポートするため、地元スーパーの商品をドローンで配達するサービスを行っている。利用者は、自宅のケーブルテレビのリモコンで商品を注文し、購入代金はケーブルテレビの利用料金から引き落とされるなど、**キャッシュレス決済**となっている。商品はドローンで近くの公民館に届けられ、地域の支援員が利用者宅まで手渡すため、利用者の安否確認や見守りも行うことができる。

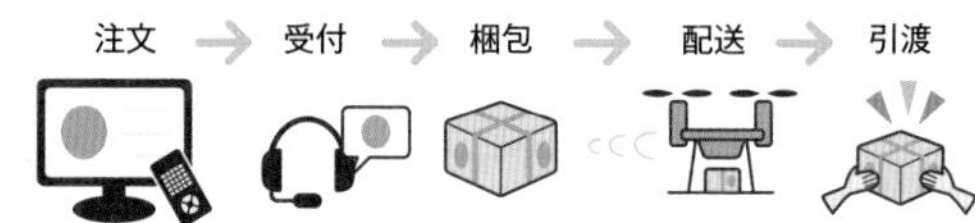

地域のインフラ整備①

- 練馬区は、街灯が切れていたり、公園遊具の破損、道路の陥没、ゴミの不法投棄などを**発見**した場合には、**スマホで現場**を撮影して**専用アプリ**で区に連絡できる「ねりまちレポーター制度」を実施している。連絡を受けた区は、投稿内容を元に現場確認し、修繕等を行い、対応結果を投稿者にメールで通知している。

「ねりまちレポート」の仕組み

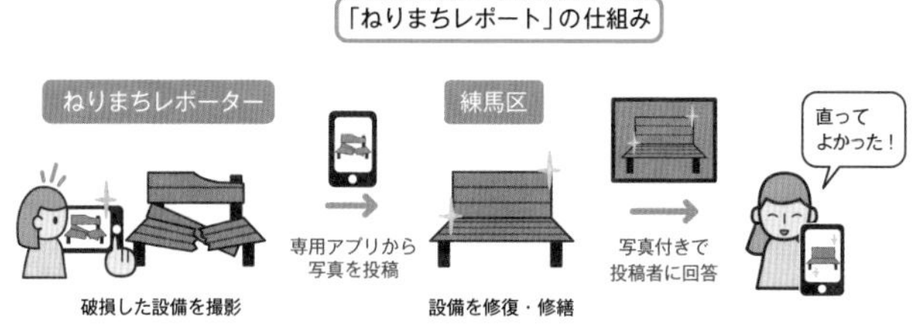

地域のインフラ整備②

- 茨城県は、**ドローン**による自動航行機能と、**AI** による画像解析を併用することで、大規模災害時での河川の被害状況を迅速に把握し、早期の復旧を可能にする取り組みを行っている。

Before

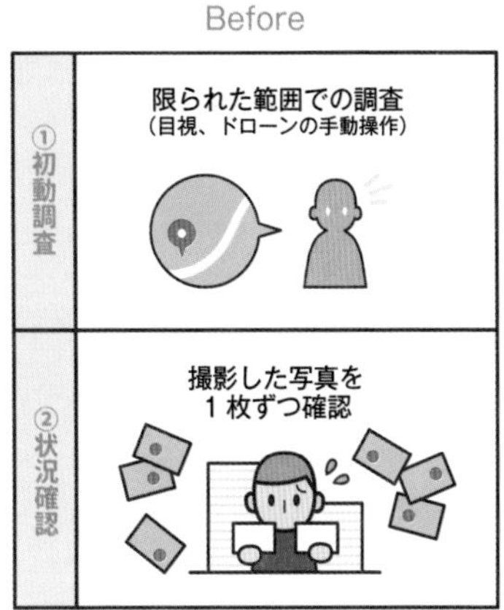

After

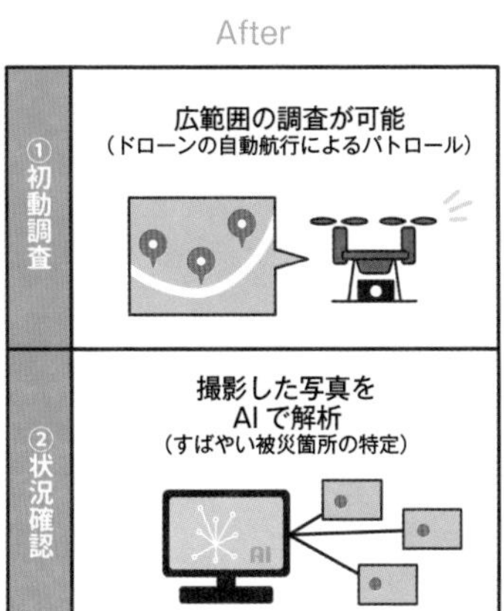

教育

- 豊橋市では、入院や不登校などで**学校に通えない子どもの学習支援**や**心のサポート**を行うため、分身ロボット「OriHime(おりひめ)」を活用している。OriHime はカメラ、マイク、スピーカーが搭載されたロボットであり、例えば教室に OriHime を置き、児童・生徒が自宅や病院等からタブレット端末で操作することで、リアルタイムで授業に参加できる。また、OriHime は持ち運びができるため、文化祭や遠足、修学旅行でも活用できる。

地方創生・地域の活性化①（移住）

問題 新型コロナウイルスの感染拡大を契機に東京一極集中の社会構造の問題が改めて明らかになるとともに、地方移住への関心が高まっている。こうした状況を踏まえ、今後、地方創生の実現に向けて、A市ではどのように取り組むべきか述べなさい。

▶ 重要ワード

人口流出、転出超過、移住、移住支援制度・シティプロモーション、移住専用ポータルサイト、移住体験オンラインツアー、オンライン座談会、移住のミスマッチ、お試し移住制度、週末移住、起業型移住、受入体制の整備

▶ 答案メモ

ブロック①

- 少子高齢化の**現状**（高齢化率・合計特殊出生率など）
- 人口流出の**現状**（転出超過数など）
- 少子高齢化と人口流出が社会に与える**影響**（深刻な担い手不足など）

ブロック②

- 人口減少に歯止めをかけ、地域を活性化していくために**移住の推進**に取り組んでいく。

ブロック③

- 第一は、**移住希望者の目線に立ったシティプロモーション**である。
- 第二は、**オンラインイベントの充実**である。
- 第三は、**移住希望者の多様なニーズに応えること**である。

ブロック④

- 地元企業や住民とビジョンを共有しながら地域一体となって、シティプロモーションや受入体制の整備に取り組んでいくことが重要である。

合格記載例

ブロック①

現在、日本では少子高齢化が急速に進み、2008年をピークに総人口は毎年減少している。そして、A市の高齢化率は●%と（国より）高い水準である。一方で、合計特殊出生率は●%と（国より）低い水準であり、少子高齢化は深刻な状況にある。また、A市では転出超過の状態にあり人口流出が進んでいる。今後、少子高齢化の進行と、人口流出が加速すると、A市では深刻な担い手不足となり、地域機能と活力が低下してしまうなど、地域の活性化は喫緊の課題である。

ブロック②

このような状況のもと、近年、暮らしやすさや、働きやすさを求めて、地方へ移住する若い世代が増えている。一方で、住居や生活、子育てなどの**移住支援制度**を充実させて、積極的に取り組む自治体も増えている。そこで、A市でも、人口減少に歯止めをかけ、地域を活性化していくために移住の推進に取り組んでいく。以下、具体的に述べる。

ブロック③

第一は、移住希望者の目線に立ったシティプロモーションである。移住希望者に興味を持ってもらうためには、A市の特色や魅力を再発掘して、移住希望者の目線から発信していく必要がある。例えば、遠方の人々でも移住後の具体的な生活をイメージできるように、地域の街並み、公共施設、スーパーマーケット、賃貸や販売中の住居などを、**移住専用ポータルサイト**の動画で伝えていく。また、地域の求人情報、子育て支援情報、保育園の空き状況など、地域の生活情報をタイムリーに伝えていくことで、移住後の生活に安心感を持ってもらえるように工夫していく。

第二は、オンラインイベントの充実である。A市の特色や魅力を多くの人々に知ってもらうために、日本全国どこからでも気軽に参加できるオンラインイベントを実施していく。例えば、ズームを活用した移住体験オンラインツアーにより、ライブ映像で臨場感を感じてもらったり、A市の移住支援制度について対話形式で説明していく。また、自治体職員だけではなく、先輩移住者や地域住民が参加するオンライン座談会を開くなど、気軽に地域の人々とふれあえるように工夫していく。

「転入数（その土地へ移り住むこと）」より「転出数（その土地を去ること）」が多い状態のこと。

例えば、妊産婦の健診費用の無料化、保育料の無料化、子どもの医療費無料化、移住応援給付金の支給などがあります。

詳しくは、テーマ⑩で解説しています。

取組事例で紹介している「宮崎県都城市の移住ポータルサイト」が参考になります。

第三は、移住希望者の多様なニーズに応えることである。移住後に地域の慣習や人間関係に馴染めずに移住を断念してしまうといった**移住のミスマッチ**が生じる場合がある。そこで、「**お試し移住制度**」によって、地域の空き家を貸し出して短期間の移住を体験してもらい、移住のミスマッチを減らしていく。また、平日は現住居で仕事をしながら、週末はA市でのスローライフを楽しむといった「週末移住」や、A市での起業を目的とした「**起業型移住**」など、移住希望者の多様なニーズに応えるために、様々な移住の選択肢を提供していく。

ブロック④

以上を踏まえて、地域を活性化するために移住の推進に取り組んでいく。**そのためには**、地元企業や住民とビジョンを共有しながら地域一体となって、シティプロモーションや受入体制の整備に取り組んでいくことが重要である。

1191字

移住の推進で課題となるのが「移住のミスマッチ」です。そこで、この不安を解消してもらうための工夫について触れています。

取組事例で紹介している島根県の取組が参考になります。

取組事例で紹介している愛媛県の取組が参考になります。

「地方創生」で重要となるのが、地域社会の理解と協力です。そのためには、地域の活性化という目的や移住推進という方向性についてのビジョンをしっかりと共有しながら、地域で一体となって取り組んでいく必要があります。

このテーマのポイント

①「地方創生」とは

- 少子高齢化の進展に対応し、**人口減少に歯止め**をかけ、日本全体の活力を上げることを目的とした政策のこと。

②「地方創生」が求められる「背景」について

少子化の進行

- 現在、多くの自治体では、少子化の進行により人口が減少しており、**地域社会の担い手不足**が深刻な問題となっている。

東京などの都市部への人口流出

- 現在、多くの自治体では、**地方から都市部への人口流出**が深刻な問題となっている。**人口流出**（転出超過）の現状は、総務省の「住民基本台帳人口移動報告」で確認することができる。なお、2022 年における都道府県間での移動は「**22 歳**」という年齢が最も高い。

- 人口流出が進む背景には、①**働きたい仕事がない**（良質な雇用機会の不足）、②**生活の利便性に不満ある**（交通の利便性、病院や商店、娯楽施設、教育機関などの不足）といった要因がある。

少子化の進行と人口流出による影響

- 今後、「**少子高齢化の進行**」と「**人口流出**」が加速すると、深刻な担い手不足から、地域経済が縮小し、若い世代が働きたい思う仕事が減っていく。その結果、さらに人口流出が進んでしまうといった、**負のスパイラル**が生じる。

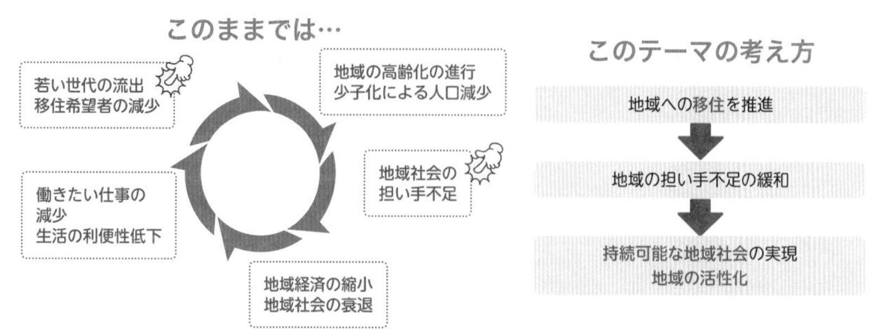

③「地方創生」についての考え方

- 現在、多くの自治体が地方創生に取り組んでいるが、地域機能や活力の低下は、**人**、**資本**（カネ・モノ）、**経済活動**（仕事）の縮小や流出に起因している。そこで、これらの要素を**流出させない**ことや、**新しく呼び込む**ことで地域を活性化していくイメージを持ってみよう。以下、試験上で重要になる「**六つの視点**」について説明していく。

移住の推進 詳しくはテーマ⑧⑨

- **一つ目の視点**は、**移住者を呼び込む**取組である。

UIJ ターンの推進 詳しくはテーマ⑨

- **二つ目の視点**は、**若い世代が地域に定着**することである。そのために**UIJ ターンを促進**する取組である。

企業誘致の推進 詳しくはテーマ⑨

- **三つ目の視点**は、**企業を呼びこむ**ことである。UIJ ターンや移住を推進していくうえで重要となるのが、若い世代が「働きたいと思う仕事」があることである。そこで、地域に定着してもらえる**企業**を**誘致**していく取組である。

関係人口の拡大推進 詳しくはテーマ⑩⑫

- **四つ目の視点**は、**関係人口を拡大する**ことである。地域と継続的に関わってもらえる人を増やすことで**地域を活性化**していく取組である。また**スポーツツーリズム**による関係人口の拡大に力を入れている自治体も増えている。

テレワーク・ワーケーションの誘致 詳しくはテーマ⑩

- **五つ目の視点**は、**テレワーク**や**ワーケーション**などを誘致することで、人を呼びこみ**地域を活性化**していく取組である。

地域での出生率向上 詳しくはテーマ②

- **六つ目の視点**は、**地域での出生率を高める**ことである。そのためには、地域社会全体で子育て世代をサポートするなど、**子育て環境**を充実させていく取組である。

④「移住の推進」について

- 自治体によっては、地域の特色や魅力を多くの人に知ってもらうため「**移住専用ポータルサイト**」を開設したり、臨場感を感じてもらうため「**移住体験オンラインツアー・座談会**」を開催したり、移住のミスマッチを防ぐため「**お試し移住制度**」を設けるなど、様々な取組が行われている。
- ここで、地域の魅力をいかに効果的に発信していくか、言い換えると、「**移住希望者に的確に訴求できるか**」が重要になる。そのためには、**移住希望者の目線**に立ち、インターネットやSNSなどを活用した効果的な**シティプロモーション**がポイントになる。下記、取組事例で簡単に触れてみよう。

取組事例

▶ 移住専用ポータルサイト「住めば住むほど都城」

宮崎県都城市は、**移住希望者の目線**に立って、**仕事・住居・子育て環境**や、**移住支援制度**（子どもの医療費無料・移住応援給付金等）について分かりやすく発信している。行政職を目指すあなたにとっても、非常に参考になる内容なので是非確認してみよう。

▶ 移住専用ポータルサイト「くらしまねっと」

島根県は、「お試し暮らし体験施設」を実施している。**お試し移住制度**を設けることで、地域の雰囲気や気候について知ることができ、**移住のミスマッチ**を減らすことができる。

▶ 愛媛グローカル・フロンティア・プログラム

愛媛県は、愛媛に**移住して起業を志す人**を支援している。例えば、地元企業からアドバイス受けたり、試作品開発や資金面でのサポートを受けれるなど、様々な支援を受けることができる。

地方創生・地域の活性化②（UIJターン等）

問題 A市では、若年層の人口流出が続いている。このような状況を踏まえて、あなたが考える行政上の課題とそれを解決するための取組について述べなさい。

▶ 重要ワード

移住、UIJ ターン、人口流出、移住専用ポータルサイト、企業の誘致、ワンストップ窓口

▶ 答案メモ

ブロック①

- 少子高齢化の**現状**（高齢化率・合計特殊出生率など）
- 人口流出の**現状**（転出超過数など）
- 少子高齢化と人口流出が社会に与える**影響**（深刻な担い手不足など）

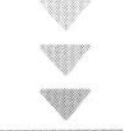

ブロック②

- 人口減少に歯止めをかけ、地域を活性化していくために**地方創生**に取り組んでいく。

ブロック③

- 第一は、**UI ターンの促進**である。
- 第二は、**移住の推進**である。
- 第三は、**企業の誘致**である。

ブロック④

- 地元企業や住民とビジョンを共有しながら地域一体となって、シティプロモーションや受入体制の整備に取り組んでいくことが重要である。

合格記載例

ブロック①

現在、日本では少子高齢化が急速に進み、2008年をピークに総人口は毎年減少している。そして、A市の高齢化率は●%と（国より）高い水準である。一方で、合計特殊出生率は●%と（国より）低い水準であり、少子高齢化は深刻な状況にある。また、A市では転出超過の状態にあり人口流出が進んでいる。今後、少子高齢化の進行と、人口流出が加速すると、A市では深刻な担い手不足となり、地域機能と活力が低下してしまうなど、地域の活性化は喫緊の課題である。

ブロック②

このような状況のもと、A市の人口減少に歯止めをかけ、地域を活性化していくために**地方創生**に取り組んでいく。以下、具体的に述べる。

> 詳しくは、テーマ⑧で解説しています。

ブロック③

第一は、UIターンの促進である。近年、若い世代の人口流出が加速しており、若い世代に向けたUIターンの促進が重要になる。そこで、お盆の時期に帰省者が多いB駅付近に**就職相談窓口**を設置して積極的にUターンを働きかけていく。また、就職活動の出費に悩む学生のために、A市での就職活動で必要となる交通費や滞在費をサポートする**補助金制度**を充実させていく。さらに、学生の多い東京都心にUIターン**就職相談窓口**を設けて、A市の企業や生活環境を紹介する相談会を開催していく。なお、この場合、近隣自治体と連携して合同窓口とするなど**コスト抑制**についても検討していく。

> 取組事例で紹介している岩手労働局ハローワーク沼宮内の取組が参考になります。

> 取組事例で紹介している長崎県の取組が参考になります。

> 取組事例で紹介している青森県弘前市の取組が参考になります。

> 「コスト抑制」の視点に触れています。

第二は、移住の推進である。近年、暮らしやすさや、働きやすさを求めて、地方へ移住する若い世代が増えている。一方で、住居や生活、子育てについて移住支援制度を充実させるなど、積極的に移住推進に取り組む自治体も増えている。そこで、A市でも移住推進に力をいれていく。具体的には、移住希望者の目線に立って、移住専用ポータルサイトで、地域の生活情報を発信していく。また、日本全国どこからでも気軽に参加できるオンライン移住体験ツアーを開催して、先輩移住者や地域住民と気軽にふれあえる機会を設けていく。

第三は、企業の誘致である。UIターンや移住を推進していくうえで**課題**となるのが、若い世代が「働きたい」と思える仕事が不足していることである。そこで、産業・立地・人材などA市の資源を活かし、A市に定着してもらえる企業の誘致に取り組んでいく。**企業を誘致することで**、若い世代の雇用が拡大するだけではなく、パートやアルバイトでの中高年者の雇用促進にもつながる。また、地元の建設業や運送業、飲食業など地域経済の活性化にもつながる。そこで、転入する企業への減税や補助金による優遇措置を充実させたり、転入を検討している企業のためにワンストップ窓口を設置するなど受入体制を整備していく。

ブロック④

以上を踏まえて、「ひと」と「しごと」を呼び込みながら地方創生を推進していく。**そのためには**、地元企業や住民とビジョンを共有しながら地域一体となって、シティプロモーションや受入体制の整備に取り組んでいくことが重要である。

1174字

企業誘致に取り組む意義について触れています。

企業を誘致することによって、地域にどのような効果やメリットがあるのかについて触れています。

「地方創生」で重要となるのが、地域社会の理解と協力です。そのためには、地域の活性化という目的や方向性についての「ビジョン」をしっかりと共有しながら、地域で一体となって取り組んでいく必要があります。

このテーマのポイント

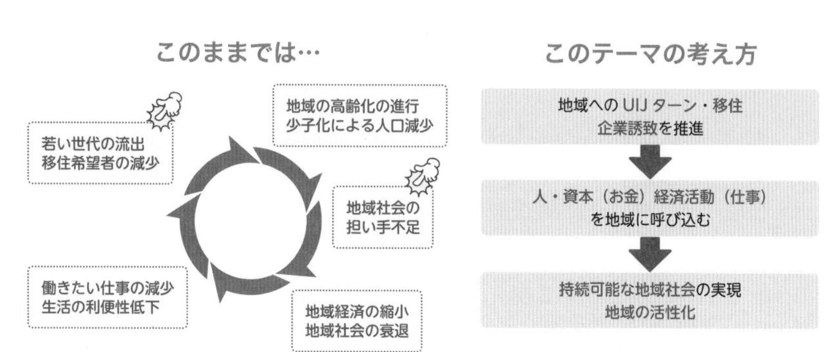

①「UIJターンの促進」とは

- **Uターン**とは、生まれ育った地方から進学や就職で移住した後、再び地方に移住すること。
- **Ⅰターン**とは、都市部で生まれ育った人が、地方に移住すること。基本的には「移住」と似ているが、**都市部**で生まれ育った人が**地方**へと移住する意味合いが入っている。
- **Jターン**とは、進学や就職で地方から都市に移住した後、生まれ育った地方に近い**地方都市**に移住すること。受験先が地方都市であれば、Jターンについても考えてみよう。

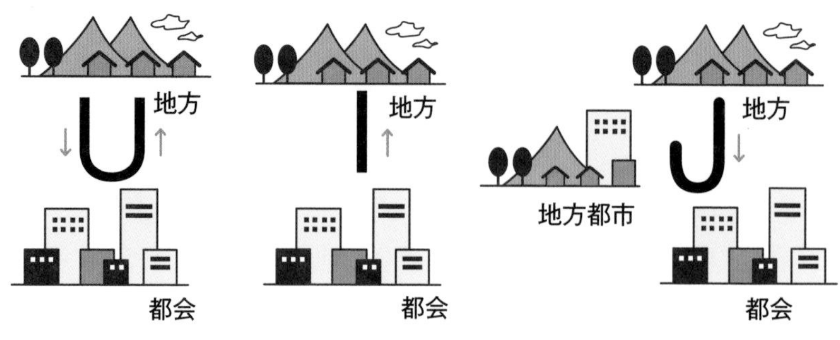

②「企業の誘致」について

- UIJ ターンや移住を推進していくうえで重要となるのが、若い世代が「働きたい」と思える仕事があることである。そこで、産業・立地・人材、観光名所、豊かな自然、伝統などの地域資源を活かし、**地域に定着**してもらえる**企業を誘致**することで地域の活性化を図る。

- 最近では、**サテライトオフィス**や**ワーケーション**、外国企業の誘致に積極的に取り組む自治体も増えている。詳しくは次のテーマで紹介する。

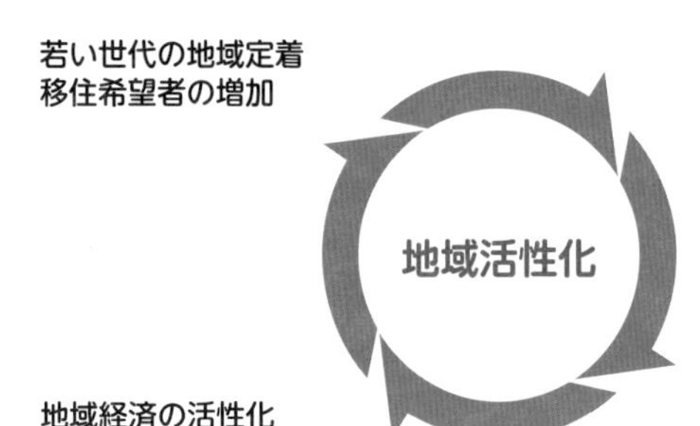

- 企業を誘致することで、若い世代の雇用が拡大するだけではなく、パートやアルバイトでの中高年者の雇用促進にもつながる。また、地元の建設業や運送業、飲食業など**地域経済の活性化**にもつながり**税収の増加**も期待できる。

- **その反面**、企業との**ミスマッチ**が起きると、企業の撤退によって地域経済の悪化や失業者増加のリスクもある。そこで、安定して地域に定着してもらえる企業を選ぶことも重要になる。

- 近時、企業を対象にした「**ワンストップ相談窓口**」を設置して、事業用地、空きオフィスなどの案内や助成制度の紹介、各種行政手続の相談をワンストップで行える体制を整備している自治体もある。

- ワンストップ窓口とは、自治体での複数の手続を一カ所に集約し、そこだけで完結できる窓口のこと。

取組事例

▶ 駅改札口にUターン相談窓口の設置

岩手労働局ハローワーク沼宮内は、**お盆の帰省客が集中する時期**、駅改札口に**Uターン相談窓口**「出張ハローワーク！おかえり ふるさとへ」を設置して、効果的な周知に取り組んでいる。

▶ ながさき UIJ ターン就活費用補助金［長崎県］

長崎県は、県内での就職を希望する学生の交通費などを最大４万円支給する「**就活費用補助金**」の制度を設けて、UIJ ターンの促進に取り組んでいる。

▶ 効果的な移住推進施策事例集［総務省］

総務省は、各自治体の「**移住推進の取組**」について紹介している。

▶ ひろさき移住サポートセンター東京事務所

青森県弘前市は、「**ひろさき移住サポートセンター東京事務所**」を有楽町駅前に設置して、移住相談や移住セミナー、無料職業紹介など、移住の推進に取り組んでいる。

▶ 企業誘致における自治体の課題と取組事例

自治体通信 ONLINE は、自治体による「**企業誘致の取組**」について、分かりやすく解説している。

▶ 企業のワンストップサービス窓口［長野市］

長野市は、「**企業のワンストップ相談窓口**」を設置している。

地方創生・地域の活性化③（関係人口・テレワーク）

問題 A県では、「幸せ人口1000万～ウェルビーイング先進地域A県～」を目指している。そこで、A県に関わる仲間が増え、集積するようになるためには、どのような取組が必要か述べなさい。

▶ 重要ワード

シティプロモーション、地方創生、交流人口、関係人口、定住人口、空き家の活用、テレワーク、ワーケーション、農ケーション、ふるさと納税、クラウドファンディング型ふるさと納税、シビックプライド

▶ 答案メモ

ブロック①

- A県の少子高齢化の**現状**（高齢化率・合計特殊出生率など）
- A県の人口流出の**現状**（転出超過数など）
- 少子高齢化と人口流出が社会に与える**影響**（深刻な担い手不足など）

ブロック②

- 人口減少に歯止めをかけ、地域を活性化していくために**地方創生に向けたシティプロモーション**に取り組んでいく。

ブロック③

- 第一は、**関係人口の拡大**である。
- 第二は、**テレワーカーの誘致**である。

ブロック④

- 地元企業や住民とビジョンを共有しながら県民のシビックプライドを育みつつ、地域一体となってシティプロモーションや受入体制の整備に取り組んでいくことが重要である。

合格記載例

ブロック①

現在、日本では少子高齢化が急速に進み、2008年をピークに総人口は毎年減少している。そして、A県の高齢化率は●%と（国より）高い水準である。一方で、合計特殊出生率は●%と（国より）低い水準であり、少子高齢化は深刻な状況にある。また、A県では転出超過の状態にあり人口流出が進んでいる。今後、少子高齢化の進行と、人口流出が加速すると、A県では深刻な担い手不足となり、地域機能と活力が低下してしまうなど、地域の活性化は喫緊の課題である。

ブロック②

このような状況のもと、A県の人口減少に歯止めをかけ、地域を活性化していくために、地方創生に向けたシティプロモーションに取り組んでいく。以下、具体的に述べる。

ブロック③

第一は、関係人口の拡大である。A県への一時的な観光客から、さらに関係性を発展させて、何度も訪れてもらえるリピーターや、将来的な移住希望者、地域イベントでのサポーター、ふるさと納税の寄付者など、継続的にA県の多様な分野に関わってもらえる人を拡大していく。そこで例えば、C地域の特産品である●●の認知度やブランド力を高めるために、県外からもプロジェクトメンバーを募集して、そのメンバーと一緒にシティプロモーションを企画していく。また、クラウドファンディング型ふるさと納税により、自然環境の保全や歴史的な建造物の保護、子ども食堂の支援など地域課題の解決をサポートしてもらう。このように、A県の関係人口を拡大することで地域の活性化を図っていく。

第二は、テレワーカーの誘致である。新型コロナウイルスの影響により、働き方や暮らし方の多様化が進んだことでテレワークや、その形態の一つであるワーケーションが身近になっている。そこで、このようなテレワーカーの誘致に取り組んでいく。例えば、農村部のB地域では、農業体験とワーケーションを組み合わせた「農ケーション」を企画する。また、空き家の多いC地域では、伝統的な古民家を改修し、通信環境を整備することで魅力的なワーケーションの場を提供していく。このように、地元にある「当

関係人口の定義や関係人口の拡大に向けた取組についてはしっかりと押さえておきましょう。

現在、政府は官民連携で、テレワークやワーケーションの普及拡大に取り組んでいます。

現在、空き家の増加は日本全国で問題となっています。そこで、空き家という「負の遺産」を、うまく活用して「価値のある地域資源」に転換していく発想が重要です。

たり前」を「もう一度」見直すことで、地域の魅力を再発掘していく。さらに、県外の人のアイディアを取り入れながら地域資源の付加価値を高め、A県のブランディングを図っていく。

ブロック④

以上を踏まえて、A県を活性化していくために、テレワーカーの誘致や関係人口の拡大に取り組んでいく。そのためには、自治体が単独でシティプロモーションを行うのではなく、地元企業や住民とビジョンを共有しながら県民のシビックプライドを育みつつ、地域一体となってシティプロモーションや受入体制の整備に取り組んでいくことが重要である。

1089字

シティプロモーションの目的には、地域住民の「シビックプライド」を醸成することも含まれています。

このテーマのポイント

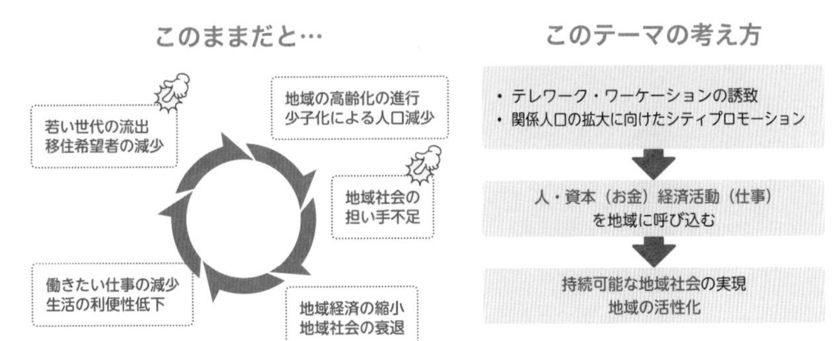

①「シティプロモーション」について

- シティプロモーションとは「**自治体による地域を活性化するための活動**」であり、例えば、「**広報活動**」や「**営業活動**」をイメージしてみよう。

- イメージしやすのは「**観光振興**」である。例えば、観光パンフレット・Web サイトの制作、観光マップの作成、**SNS を活用した情報発信**、地域イベントの開催、地元の名産・特産品のブランディング、宿泊施設・道の駅のプロモーションなどがある。

- 近時の新しい潮流としては、単に観光振興だけではなく、**テレワーク・ワーケーション**の誘致など、**地域資源**と**社会的ニーズ**をうまくマッチさせたシティプロモーションが増えている。

- また、何度も地域を訪れるリピーターや、将来的な移住希望者、**ふるさと納税**の寄付者など「**その地域のファン**」といえる「**関係人口**」の拡大に向けたシティプロモーションも重要になっている。

②「シビックプライド」とは

- 住民がその地域に**愛着**を持ち、**地域をよりよくするために貢献しようとする心意気**のこと。類似した言葉に「**地元愛**」があるが、これらは単なる「**愛する**」という感情であるのに対して、シビックプライドは「**地域に貢献しようとする心意気**」が含まれる。シティプロモーションの目的には、地域住民の「**シビックプライド**」を醸成することも含まれている。

③「関係人口の拡大」について

- 「**関係人口**」とは、総務省の定義によると、移住した「**定住人口**」でもなく、観光に来た「**交流人口**」でもない、地域と多様に関わる人々を指す。

- 「**交流人口**」とは、**観光などで一時的に訪れた人**のイメージである。その地域へ定住している人は「**定住人口**」となる。

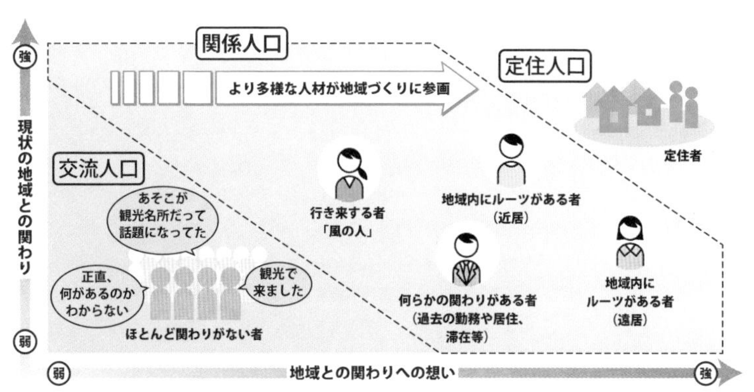

- 近時では「**関係人口**」は、さらに**広い意味**で用いられており、例えば、何度も訪れてもらえるリピーターや、将来的な移住希望者、地域イベントのサポーター、ふるさと納税・クラウドファンディングの寄付者など、「**継続的に地域のいろんな分野に関わってもらえる人**」の意味で用いられている。

- これまでは、おもに観光客など**交流人口**を増やす取組が行われてきたが、近時では「**新たな地域の担い手**」を増やすために「**関係人口の拡大**」に向けた取組が重要になっている。

- 現在、「**地域**」と多様な「**関係人口**」が協働して、様々な「**地域課題の解決**」に取り組んでいくことが期待されている。

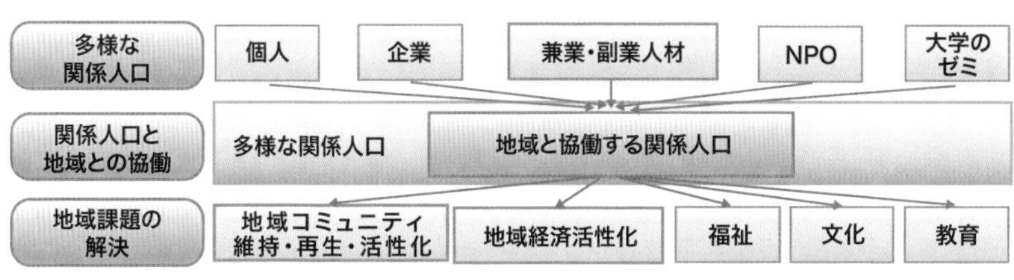

出典：令和２年度 関係人口創出・拡大事業（総務省）

④「ふるさと納税」について

- ふるさと納税とは、①「故郷の自治体」や「応援したい自治体」などを選んで「**寄付**」をすることで（自分の故郷でなくてもよい）、②寄付を受けた自治体から「返礼品」が届き、③寄付額に応じて「**所得税**（国）」と「**住民税**（現住地の自治体）」が**控除**（減額）される制度である。

- 多くの人は生まれた故郷の自治体から医療や教育など様々な住民サービスを受けて育っている。そして、進学や就職で生活の場を都市部に移し、その地域に納税している。その結果、**都市部の自治体**は**税収を受ける**が、生まれ育った**故郷の自治体**には**税収はない**。このような自治体間の不平等を解消するための制度である。

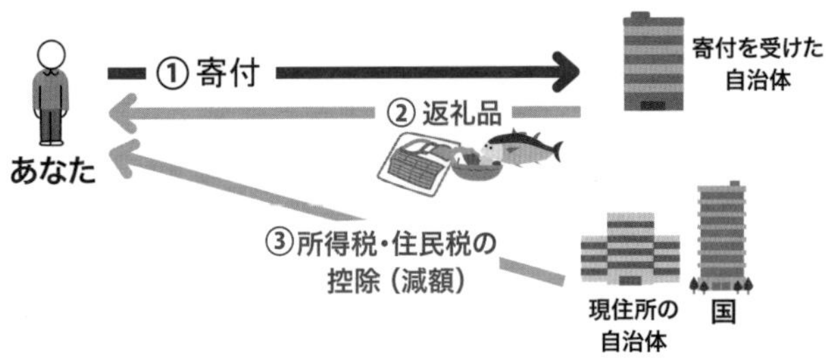

- 例えば、2023年ふるさと納税金額ランキング全国1位となった宮崎県都城市は、約195億円の寄付を受けている。この寄付金の多くは、**保育料の無償化**、**子どもの医療費の完全無料化**など、**子育て支援**の財源として使われている。

⑤「クラウドファンディング型ふるさと納税」とは

- クラウドファンディング型ふるさと納税とは、地域の「**特定の活動**」を**直接支援**するために行う「**寄付**」である。返礼品がない場合も多く、社会貢献という意味での「寄付」の側面が強い。

- 例えば、コロナ禍でダメージ受けた農家を助ける事業や、経済的に苦しい家庭の子どもに食品を届ける事業、里山を保全し野生動物の命を守る事業、地域での起業家を応援する事業、犬猫の殺処分をゼロにする事業などがある。

ガバメントクラウドファンディング

⑥「テレワーク」について

- 「Tele：離れて」と「Work：仕事」を組み合わせた造語であり、**職場から離れた場所で、パソコンなどICTを使い仕事をすること**である。

- 例えば、子育て中の親でも、自宅などで仕事ができるため「**働き方改革**」にもつながる。また、テレワークによって居住地選択の自由度が増えるため、移住やワーケーションなど「**地方創生**」にもつながる。

- 新型コロナウイルスの影響によって、東京23区では4割以上の人がテレワークを経験した。しかし、コロナ禍の収束に伴い、テレワークから職場勤務に戻る傾向があり、必ずしも広く定着したとはいえない部分がある。

- 内閣府が推進する「**地方創生テレワーク**」では、会社を辞めずに地方に移り住む「**転職なき移住**」や、ワーケーションなどによる「**関係人口の増加**」など、地域の活性化をサポートしている。

テレワーク

育児・介護時に
自宅で業務

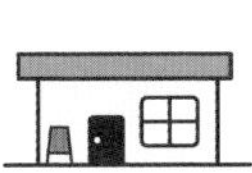
カフェなど
公共の場で業務

出社困難時（BCP対策）
に業務

出張のスキマ時間
に業務

⑦「ワーケーション」「ブレジャー」について

- 「ワーク：労働」と「バケーション：休暇」を組み合わせた造語であり、**観光地やリゾート地、温泉や別荘など、職場から離れた場所で休暇を楽しみながら働くスタイル**のこと。

- また、類似したものに「**ブレジャー**」があり、これは「ビジネス」と「レジャー」を組み合わせた造語で、ビジネスで出張をする際に、出張の前後で前泊や滞在延長により出張先で余暇を楽しむこと。

- **農ケーション**（農業体験＋ワーケーション）は、テレワークでの仕事と農業体験を両立した働き方で、ワーケーションの社会的なニーズと、農家が直面する収穫時期の人手不足から生まれた働き方である。

農ケーションイメージ

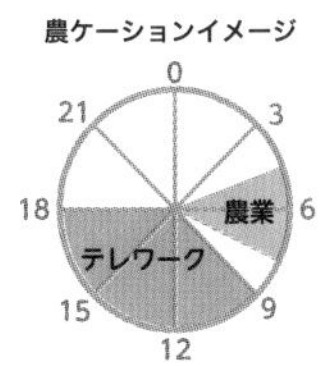

取組事例

▶ 関係人口ポータルサイト［総務省］

総務省は「**関係人口**」について分かりやすく解説している。

▶ ふるさと納税ポータルサイト［総務省］

総務省は「**ふるさと納税**」について分かりやすく解説している。

▶ ふるさと納税金額ランキング［自治体オープンデータ］

2023年に総務省で発表された全国ふるさと納税金額ランキング1位は都城市で195.93億円、2位は紋別市で194.33億円、3位は根室市で176.13億円、最下位は御蔵島村で0円となっている。

▶ 地方創生テレワーク［内閣府］

内閣府は、自治体に向けて「**地方創生テレワーク相談窓口**」を設置しており、地方創生テレワークの推進をサポートしてる。

▶ 農ケーションの可能性を考える［農林水産省］

農林水産省は、農ケーションの今後の可能性について分かりやすく解説している。

▶「新たな旅のスタイル」ワーケーション＆ブレジャー［観光庁］

国土交通省観光庁は、自治体が「**ワーケーション＆ブレジャー**」の受入を推進するうえでのポイントについて解説している。

地域コミュニティの活性化

問題 特別区では、人口の流動化、価値観やライフスタイルの多様化によって地域コミュニティのあり方に変化が生じています。このような状況を踏まえ、地域コミュニティの活性化について、特別区の職員としてどのように取り組むべきか、あなたの考えを論じなさい。

重要ワード

地域コミュニティ、共助のつながり、防災コミュニティ、子育てコミュニティ、子育てサロン、ママ友、ボランティア、シニアコミュニティ、社会参加、通いの場、フレイル予防、高齢者の孤立の防止

答案メモ

ブロック①

- 地域コミュニティの**簡単な定義**
- 地域コミュニティの**現状・その背景**
- 特別区の地域コミュニティの**特徴**

ブロック②

- 地域コミュニティの活性化が必要な**理由**（地域の抱える問題の複雑化・困難化）
- 地域の課題に対して「**共助のつながり**」で**支え合いながら補完していく**ために、地域コミュニティの活性化を図っていく。

ブロック③

- 第一は、**防災コミュニティの活性化**である。
- 第二は、**子育てコミュニティの活性化**である。
- 第三は、**シニアコミュニティの活性化**である。

ブロック④

- 今後、地域の抱える問題はさらに複雑化することが想定される。そのため、「**共助のつながり**」を強化しながら取り組んでいくことが重要である。

合格記載例

ブロック①

町会や自治会を基礎とした「地域コミュニティ」は、交通安全、防災、防犯、環境美化、地域イベントの運営など、地域社会の安全・安心を守るために、住民同士の「共助のつながり」を支える活動をしている。しかし近時、町会・自治会への加入率の低下や、役員の高齢化、若い世代の後継者不足などの問題を抱えている。また、住民の価値観が多様化していることや、オンラインでのつながりが増えたこともあり、地域コミュニティは希薄になっている。特に特別区は、国内外からの人口移動が多く、マンションなどの集合住宅が多いという特徴があるため、地域への帰属意識や住民同士のつながりは希薄になりやすい傾向にある。

> 地域コミュニティが希薄化している現状や背景について触れています。

> 特別区の「特徴」について触れています。

ブロック②

このような状況のもと、少子高齢化の進行によって特別区の抱える問題は複雑化・困難化しており、区の限られた財源と人員で、その全てを解決するのは困難な状況にある。そこで、地域の課題に対して「共助のつながり」で支え合いながら補完していくために、三つの分野から地域コミュニティの活性化を図っていく。以下、具体的に述べる。

> 地域の抱える問題が複雑化・困難化している現状に対して、行政のみの力では解決が難しくなっています。そのため、地域の課題に対して「共助のつながり」で支え合いながら補完していくこと求められており、そのために地域コミュニティを活性化していく必要があります。

ブロック③

第一は、防災コミュニティの活性化である。災害時に行政が即時に対応することは難しく、公助には限界が生じるため「自分たちの地域は自分たちで守る」という共助が重要になってくる。そこで、各地域での防災コミュニティの活動を後押ししていく。例として、中野区では、町会、自治会をベースにした「防災会」と連携して、子どもから高齢者まで気軽に参加できる防災イベントを開催し、起震車による震度体験、初期消火、応急救護、炊き出しなどの訓練を行っている。このように、防災イベントを通じた地域の交流によって、防災コミュニティの拡大に取り組んでいく。

> 地域コミュニティの重要な役割に、災害時に助け合う「共助」があります。詳しくはテーマ④で解説しています。

第二は、子育てコミュニティの活性化である。近年、核家族化の進行により、子育てについて身近に相談できる人や、困ったときに頼れる人が減っている。その結果、子育ての悩みを一人で抱え込んで孤立してしまったり、最悪の場合には虐待に至るケースも増えている。そこで、地域の子育てコミュニティづくりに取り組んでいく。例として、

> 地域コミュニティの重要な役割に、子育て世帯の支援があります。例えば、子どもの貧困（テーマ⑲）や児童虐待（テーマ⑳）については、地域での支援が重要になります。

大田区では、子育てサロン「キッズな」を開催しており、そこでは参加者と地域ボランティアで、絵本の読み聞かせや、季節の行事にちなんだおもちゃ作りなどを行っている。このように、親同士の交流からママ友など仲間を作ったり、気軽に相談ができる子育てコミュニティづくりに取り組んでいく。

第三は、シニアコミュニティの活性化である。政府の調査によると、**社会参加**の活動割合が高い地域ほど、認知症やうつのリスクが低い傾向にある。そこで、フレイル予防、生きがい創造、孤立防止のために、地域での「通いの場」の拡大に取り組んでいく。通いの場では、地域の特色を活かしながら、運動や体操による健康づくり、趣味による生きがいづくり、コミュニティでの仲間づくりなど「3つのつくり」をもとに多様な活動が行われている。このように、高齢者のニーズにあった多様なコミュニティづくりを後押ししていく。

地域コミュニティは、高齢者の社会参加活動の場として効果的です。特に、体を動かすことで高齢者のフレイル予防や、趣味を通した生きがい創造、孤立の防止などに役立ちます。詳しくは、テーマ①で解説しています。

ブロック④

以上を踏まえて、三つの分野について述べてきたが、今後、特別区では、子どもを狙った犯罪の増加、外国人住民とのコミュニケーション不足、孤独死の増加など、地域の抱える問題はさらに複雑化することが想定される。そのため、「共助のつながり」を強化しながら取り組んでいくことが重要である。

1372字

このテーマのポイント

①「地域コミュニティの現状」について

地域コミュニティの活動

- 「地域コミュニティ」は、**町会**や**自治会**を基礎として、住民同士のつながりをもとに、交通安全、防災、防犯、環境美化、地域イベントの運営など、地域社会の安全・安心を守るために、**地域の「共助」を支える活動**をしている。

【地域別地域コミュニティの現状】総務省：地域コミュニティの現状と問題より

都市部（三大都市圏・地方中核都市）	中間地域	過疎地
人口は多く経済活動は活発だが、長期定着人口や居住地の昼間人口は少なく、地縁的なつながりや共通の価値観は希薄か皆無である。だたし、特定の目的を持ったコミュニティはできやすい。	地縁的なつながりは比較的に強いが、都市化が進み、地縁的なつながりは徐々に希薄化している。	農林漁村が多く、地縁的なつながりは比較的に強い。しかし、地域経済の縮小、人口減少、高齢化によりコミュニティの維持が困難な場合がある。

地域コミュニティが希薄化している背景

- 地域コミュニティで中心的な役割を持つ「**町会・自治会**」への**加入率**の低下や、役員の高齢化や若い世代の後継者不足などの課題がある。
- **価値観の多様化**や**オンラインでのつながり**が増えたことで、近隣の住民同士でつながりを持たない**ライフスタイル**が増えている。また、コミュニティ活動のきっかけとなる子どもが減少している。
- ひとり暮らし世帯の増加、女性の社会進出、高齢者の就業率向上など、人々の**ライフスタイル**が変化したことで、地域活動への**参加機会**や**参加時間を確保**することが難しくなっている。

都市部の地域コミュニティの特徴

- **人口の流動性**（住民の頻繁な入れ替わり）が高く、地域への愛着や帰属意識が希薄になりやすい。
- マンションなど**集合住宅が多い**ため、住民間のコミュニケーションが希薄になりやすい。
- 住民は様々な**価値観・ライフスタイル**を持っている。
- 最近では、**外国人住民**が増加している。

「多文化共生」についてはテーマ⑤

②「地域コミュニティの活性化」について

地域課題の複雑化 詳しくはテーマ①④⑳

- **地域の抱える課題（地域課題）**は**複雑化**している。例えば「**虐待の問題**」や「**高齢者の孤立・孤独死の問題**」「**災害対策**」などが挙げられる。

特別区のアンケート調査結果

- 特別区長会調査研究機構のアンケート調査によると「**重要だと思う地域課題**」や「**町会・自治会の組織運営上の課題**」は以下の通りである。上位の３つは押さえておこう。

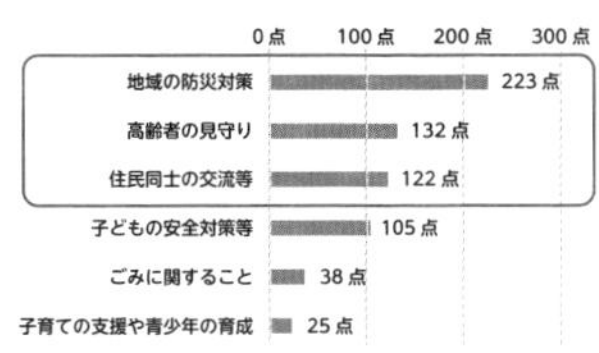

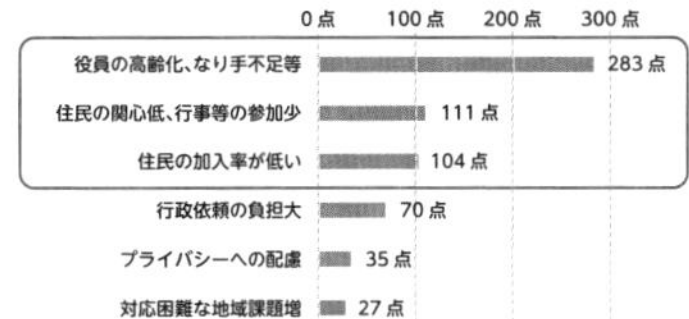

地域コミュニティの活性化が必要な理由

- **複雑化**する**地域課題**に対し、自治体の限られた財源と人員で、その全てを解決していくのは困難である。そのため、地域の課題に対して「**共助のつながり**」で**支え合い**ながら**補完**していくことが求められており、**地域コミュニティ**を**活性化**していく**必要**がある。

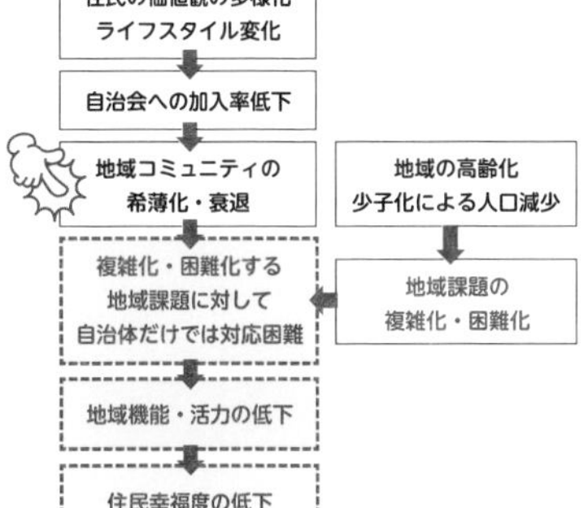

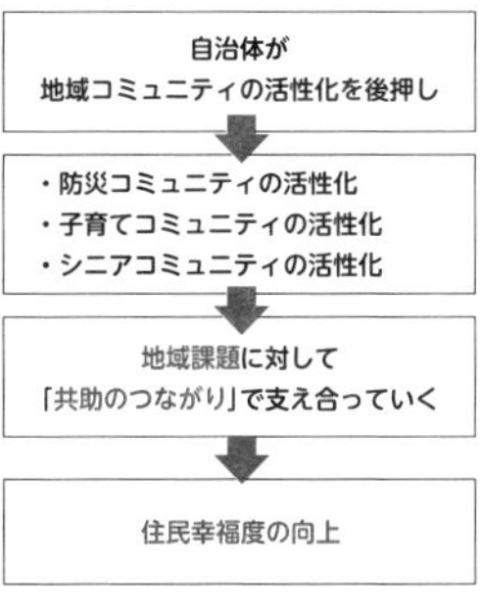

地域コミュニティの考え方

- 「**地域コミュニティの活性化**」は、地域社会での**共助のつながりを強めながら「地域課題」の解決**に取り組んでいこう！というテーマである。簡単にいうと、地域の困りごとは、みんなで協力し助け合いながら取り組んでいこうということである。そのため、本書の各テーマと密接に関連しており、**各分野を横断する視点**を持っておくことで、何が出題されても柔軟に対応できるようになる。

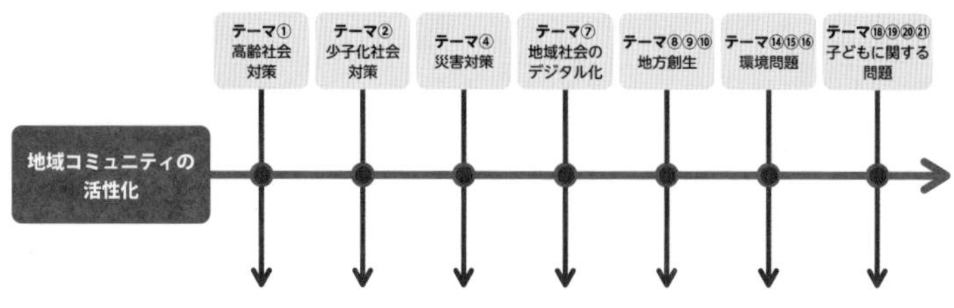

取組事例

▶ 地域コミュニティの現状について［総務省］

地域コミュニティの現状について詳しく解説している。

▶ 調査研究報告書【概要版】［特別区長会調査研究機構］

地域コミュニティ活性化ついて分かりやすく解説している。

▶ 地域子育てコミュニティ育成支援事業［東京都大田区］

太田区は、子育てサロン「キッズな」では、ボランティアや参加者同士での交流を図りながら、子育てコミュニティづくりに取り組んでいる。

スポーツの振興

問題 あらゆる人々がスポーツに親しみ、また、スポーツを通じて地域の活力を高めていくために、A県が取り組むべき施策について述べなさい。

▶ 重要ワード

防犯活動、スポーツの振興、健康増進、ボッチャ、地域コミュニティ、ボランティア、パトロールランニング、地方創生、スポーツツーリズム、アウトドアスポーツ、スポーツ資源、観光客、関係人口、様々な部署

▶ 答案メモ

ブロック①

- 少子高齢化の**現状**（高齢化率・合計特殊出生率など）
- 人口流出の**現状**（転出超過の状態など）
- 少子高齢化と人口流出が社会に与える**影響**（深刻な担い手不足など）

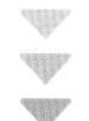

ブロック②

- 県民の健康増進を図るとともに、地域を活性化していくために、**スポーツの振興**に取り組んでいく。

ブロック③

- 第一は、**スポーツによる健康増進**である。
- 第二は、**スポーツを通じた地域コミュニティの活性化**である。
- 第三は、**スポーツツーリズムによる地方創生**である。

ブロック④

- スポーツ関連の事業は、様々な部署や人々が関係してくるため、各主体間でビジョンを共有しながら連携して取り組んでいくことが重要である。

合格記載例

ブロック①

現在、日本では少子高齢化が急速に進み、2008年をピークに総人口は毎年減少している。そして、A県の高齢化率は●%と（国より）高い水準である。一方で、合計特殊出生率は●%と（国より）低い水準であり、少子高齢化の進行は深刻な状況である。また、A県では転出超過の状態にあり人口流出が進んでいる。今後、少子高齢化の進行と、人口流出が加速すると、A県では深刻な担い手不足となり、地域機能と活力が低下してしまうなど、地域の活性化は喫緊の課題である。

ブロック②

このような状況のもと、A県民の健康増進を図るとともに、地域を活性化していくために、スポーツの振興に取り組んでいく。以下、具体的に述べる。

ブロック③

第一は、スポーツによる健康増進である。**国の調査**によると、運動不足が原因で毎年約5万人が死亡している。そこで、県民の健康増進のためにスポーツの習慣化を促進していく。例えば、パラリンピック正式種目である「ボッチャ」の普及に取り組んでいく。ボッチャは、簡単なルールで、屋内の手軽なスペースでプレーできる。また、ケガの心配もなく、子どもから高齢者まで、障がいの垣根もなく、すべての人が楽しむことができる。そこで、公的施設にボッチャ用具を配置したり、地域でのボッチャ大会を定期開催するなど、ボッチャの普及に取り組むことで、スポーツの習慣化を図っていく。

健康増進に取り組む根拠に触れています。余力があれば、テーマ①の「健康寿命の延伸」について軽く触れてみてください。

第二は、スポーツを通じた地域コミュニティの活性化である。**近年**、A県では、自治会への加入率が低下するなど、地域の共助を支える地域コミュニティが希薄化している。そこで、スポーツを通じた交流によって地域コミュニティを活性化していく。例えば、パトロールランニングという活動は、住民ボランティアが夜間や学校の下校時間にランニングをしながらパトロールを行う。マナーが守られていない場所では犯罪が起きやすいという傾向から、街灯の電球切れや不法投棄、道路の危険場所などをパトロールしたり、ゴミが散乱している地域では美化活動も行う。このように、社会貢献型のスポーツ活動の普及に取り組むことで、

地域コミュニティの希薄化という課題に触れています。詳しくはテーマ⑪で解説しています。

地域コミュニティを活性化させていく。

第三は、スポーツツーリズムによる地方創生である。現在、A県では、少子高齢化や県外への人口流出が深刻な問題となっている。そこで、A県のスポーツ資源を活用したスポーツツーリズムを推進していく。例えば、**B地域**は豊かな自然と、県外からアクセスしやすいといった立地の良さがある。そこで、トレッキング、サイクリング、ウォーキングなどのアウトドアスポーツイベントを企画する。そして、地域の食材を使ったご当地グルメスポットや、周辺の温泉街、旅館などへ誘客するための動線を創出していく。このように、A県のアウトドアスポーツ資源を活用して、地域の新しい魅力をつくり、観光客や**関係人口**を増やしていく。

一つの記載例です。受験先の地域の特徴から考えてみてください。

「関係人口の拡大」は非常に重要テーマです。詳しくは、テーマ⑩で解説しています。

ブロック④

以上を踏まえて、**スポーツの振興**を通じて、県民の健康増進を図るとともに、地域を活性化していく。ここで、スポーツ関連の事業は、子育て、高齢者・障害者福祉、まちづくりなど様々な部署や、スポーツ団体、教育機関、企業、住民ボランティアなど様々な人々が関係してくる。そこで、各主体間でビジョンを共有しながら連携して取り組んでいくことが重要である。

スポーツ振興に取り組むうえでの実務上のポイントに触れています。関係各署との連携・協働の視点を押さえておきましょう。

1313字

このテーマのポイント

①「スポーツ振興」について

スポーツ庁は「第３期スポーツ基本計画」において 12 の施策を挙げている。これを踏まえて、このテーマでは**「スポーツの振興」**を**３つの視点**からみてみる。

②「スポーツによる健康増進」

- １つ目は「**スポーツによる健康増進**」である。日本では、運動不足が原因で毎年５万人が死亡している。そこで、子どもから高齢者、障がい者まで、すべての人が楽しむことができるスポーツを**習慣化**していく取組が必要になる。
- 特に、高齢者にとってのスポーツ習慣は、**身体活動**と**社会参加**という意味で、**健康寿命の延伸**のために重要な視点となる。 詳しくはテーマ①
- 近年では、年齢、性別、障がいの有無にかかわらず、すべての人が一緒に競い合えるスポーツとして「**ボッチャ**」が普及している。ボッチャは簡単なルールで、屋内の手軽なスペースでプレーできる。また、ただ投球をするだけではなく、先を読んだ戦略も必要となることから、脳のトレーニングにもつながる。このように、すべての人が手軽にプレーできるスポーツを普及させていくことで、スポーツの習慣化を促進していく。

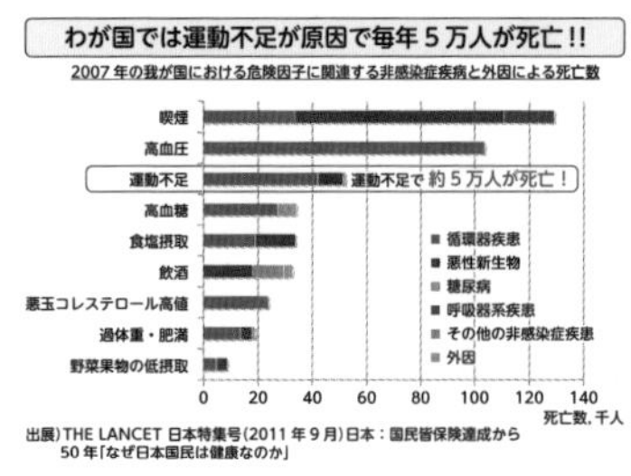

出展）THE LANCET 日本特集号（2011 年９月）日本：国民皆保険達成から 50 年「なぜ日本国民は健康なのか」

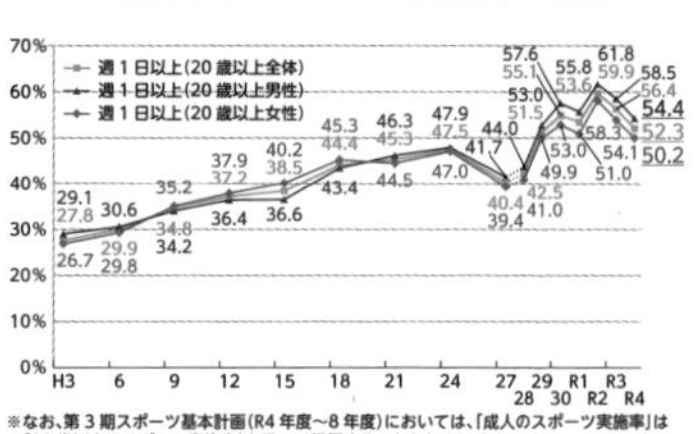

※なお、第３期スポーツ基本計画（R4 年度～8 年度）においては、「成人のスポーツ実施率」は「20 歳以上のスポーツ実施率」を用いて評価することとしている。

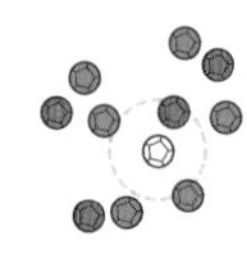

③「スポーツ振興」について

- ２つ目は「**スポーツを通じた地域コミュニティの活性化**」である。近時、地域の共助を支えるつながりである**地域コミュニティ**は希薄化している。そこで、スポーツを通じて地域を活性化する「**パトロールランニング**」という活動が注目されている。「地域コミュニティ」についてはテーマ⑪
- **パトロールランニング**（以下「パトラン」という）は、地域の**ボランティア**が街をランニングしながらパトロールを行う。パトランによって地域の**防犯活動**に貢献しながら、パトランでの**あいさつ**や**交流**によって**仲間**ができたり、ランニングによって**健康増進**にもつながる。
- 具体的には、帰宅途中の女性や塾帰りの子どもが犯罪被害にあわないように、夜間の路上パトロールを行っている。また、マナーが守られていない場所では犯罪が起きやすいという傾向から、街灯の電球切れや不法投棄、道路の危険場所などをパトロールしたり、ゴミが散乱している地域では美化活動も行っている。
- 実際に、交通事故現場に遭遇し人命救助や交通整理を行ったり、酔っぱらってケガした男性を救助したり、河川への不法投棄を通報したりしている。このような、スポーツを通じた「**防犯活動**」や「**地域コミュニティの活性化**」につながる活動を促進していく。

パトランの内容

パトランでは以下のような活動を日常的に全国各地で行っています。

1	パトロール活動	夜間や通学時間帯など犯罪や事故の危険性がある場所のパトロールを行います。
2	道路や建物などのインフラ点検	道路や建物の破損欠陥を発見し、関係機関へ改善要望を出し、事故の予防に努めています。
3	困っている人のサポート	救助や事故現場の遭遇など困っている人を見かけた時にサポートしています。
4	環境美化	路上にあるごみを拾うことで快適なまちの環境をつくります。
5	啓発活動	イベント出展や警察と連携した防犯啓発を行っています。毎年８月にはオリジナルの啓発アイテムなどを制作する強化月間を開催しています。

救命/人助け	不審人物・車両	放置車両	放置自転車	道路の危険箇所
10件（+8）	35件（+5）	132件（+120）	132件（+1）	356件（+110）

街灯切れ	落書き	不法投棄	その他	ごみ拾い
271件（−36）	16件（−15）	283件（+30）	1543件（+1157）	4498件（+1974）

交通事故
17（+7）

（前年比）

●活動人数の推移

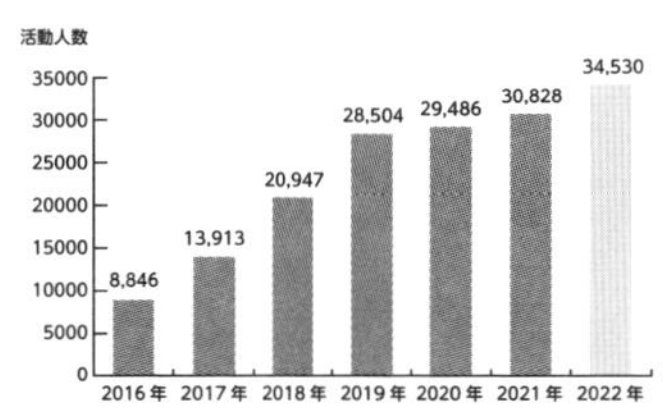

パトランは赤いＴシャツを着てパトロールする

④「スポーツツーリズムによる地方創生」

- ３つ目の視点は「**スポーツツーリズムによる地方創生**」である。具体的には、**観光客**や**関係人口**を増やし、**地方創生**に取り組むことである。

詳しくはテーマ⑩

- **スポーツツーリズム**とは、**スポーツ観戦**や**スポーツイベントへの参加**など、スポーツを主な目的とする観光旅行のこと。例えば、国際スポーツ大会、プロ野球、Ｊリーグ、大相撲などの**観戦**だけではなく、市民マラソン、ゴルフ、スキー、トレッキング、海水浴、ダイビングなど、アウトドアスポーツを**楽しむ**ことも含まれる。

- そこで、**スポーツツーリズム**を推進していくことによって、新しい旅の**魅力**を作り出し、**観光客**や**交流人口**を増やしていく。さらに、スポーツを切り口として、地域の多種多様な**観光資源**を顕在化させ、地域の**観光力**を向上させていく。

- コロナ禍が収束しつつある近時は、インバウンド（外国人旅行者）の**誘客**や**消費額拡大**に向けた取組が始まっている。

取組事例

▶ 第３期スポーツ基本計画［スポーツ庁］

スポーツ庁は、第３期「スポーツ基本計画」を策定している。

▶ パトロールランニングとは

パトロールランニングの活動について分かりやすく解説している。

▶ スポーツによる地方創生［スポーツ庁］

スポーツ庁は、スポーツを通じた地域振興・地域活性化について解説している。

シェアリングエコノミーの推進（新しい共助のあり方）

問題 現在、スマートフォンやSNSの普及により、シェアリングエコノミーの市場規模が拡大している。特別区でも、シェアリングエコノミーを活用した地域課題の解決など、公助を共助で補完する取組が進められている。このような状況を踏まえ、シェリングエコノミーの活用について、特別区の職員としてどのように取り組むべきか、あなたの考えを論じなさい。

重要ワード

シェアリングエコノミー、新しい共助のつながり、自転車シェアリング、放置自転車、子育てシェア、サポママ、災害支援のシェア、災害支援（新しい災害支援）、支援のシェアリング

答案メモ

ブロック①

- 地域コミュニティの**簡単な定義**
- 地域コミュニティの**現状・その背景**
- 特別区の抱える**問題**（地域の抱える問題の複雑化・困難化）

ブロック②

- シェリングエコノミーの**現状**
- 「**新しい共助のつながり**」である**シェアエコ**を活用して地域の課題に取り組んでいく。

ブロック③

- 第一は、**自転車のシェアリング**である。
- 第二は、**子育て支援のシェアリング**である。
- 第三は、**災害支援のシェアリング**である。

ブロック④

- 地域の抱える問題はさらに複雑化していくことが想定される。そこで、「**公助**」をシェアエコでの「**新しい共助のつながり**」で**補完**しながら持続可能な地域社会を実現していく。

合格記載例

ブロック①

地域コミュニティは、住民同士の「共助のつながり」を支える活動をしている。しかし近時、町会・自治会への加入率の低下や、役員の高齢化、若い世代の後継者不足などの問題を抱えている。また、住民の価値観が多様化していることや、オンラインでのつながりが増えたこともあり、地域コミュニティは希薄になっている。他方で、特別区の抱える問題は複雑化・困難化しており、限られた財源と人員で、その全てを解決するのは困難な状況にある。

ブロック②

このような状況のもと、スマートフォンやSNSの普及を背景に、シェアリングエコノミー（以下「シェアエコ」という）の**市場規模**は拡大しており、全国の自治体による取組も進められている。そこで、特別区でも「**新しい共助のつながり**」であるシェアエコを活用して地域の課題に取り組んでいく。以下、具体的に述べる。

ブロック③

第一は、自転車のシェアリングである。市街地では、放置自転車によって障がい者や緊急車両の通行の妨げとなったり、景観の悪化、駐輪場の整備コストの増大といった**課題**がある。そこで、自転車のシェアリングの普及に取り組んでいく。例として、港区では、自転車シェアリングの利便性を高めるために、区を超えた広域利用に取り組んでいる。また、自転車があふれるサイクルポートと、不足するサイクルポートを調整するために、ＡＩを活用した自転車の再配置プログラムに取り組んでいる。このように、区民や来街者が気軽に利用できる低炭素の移動手段として自転車シェアリングの推進に取り組んでいく。

第二は、子育て支援のシェアリングである。**現在**、共働き世帯の増加により、子育てと仕事の両立を支援するサービスのニーズが高まっている。そこで、子育て支援のシェアサービスの普及に取り組んでいく。例として、スマートフォンアプリ「**子育てシェア**」は、ベビーシッターや、保育園までの送り迎えなど、助けが必要な親と、それを支援したいサポママをマッチングするサービスがある。もちろん、知らない人に子どもを預けることには抵抗が生じる。そこで、区が子育てイベントを開催して、親とサポママの

地域コミュニティの活性化についてはテーマ⑪で解説しています。

調査によると、2022年度日本におけるシェアリングエコノミーの市場規模は２兆円を超えており、2032年度には15兆円以上に拡大すると予測されています。

希薄化する地域コミュニティの問題に対する「取組」の視点が２つあります。１つ目はテーマ⑪の「地域コミュニティの活性化」、２つ目は本テーマの「新しい共助のつながりの創出」です。

放置自転車による通行妨害、景観悪化、整備コストの増大といった課題に触れています。

子育てと仕事の両立を支援するサービスのニーズが高まっているという現状に触れています。子育て支援については、テーマ②で詳しく解説しています。

「子育てシェア」AsMama（アズママ）です。

交流を図りながら安心して利用できるように後押ししていく。このような、地域の共助のつながりを活用した子育て支援の普及に取り組んでいく。

第三は、災害支援のシェアリングである。**近い将来**、首都直下地震や南海トラフ地震が想定されており大規模災害への対策は喫緊の課題である。こうしたなか、災害時には、物資や機器、担い手などが不足することが想定される。そこで、新しい災害支援のあり方として、災害支援のシェアリングを推進していく。例として、キャンピングカー所有者のネットワークで、災害時には医療機関等にキャンピングカーを貸し出し、医療関係者の休憩所として利用してもらう取組や、キッチンカー所有者のネットワークで、被災地で温かい食事を提供できる取組が進められている。このように、災害時には、多くの人々と「支援」をシェアすることで、迅速な災害支援、復興支援につなげていく。

ブロック④

以上を踏まえて、今後、特別区では、少子高齢化や人口減少によって、地域の抱える問題はさらに複雑化していくことが想定される。そこで、「公助」をシェアエコでの「新しい共助のつながり」で**補完**しながら持続可能な地域社会を実現していく。

1351字

大規模災害に備えた防災対策という課題に触れています。災害対策については、テーマ④で詳しく解説しています。

公助を「共助」で補完し、サステナブルな自治体を実現しようとする試みのことを「シェアリングシティ」と呼びます。

このテーマのポイント

①「シェアリングエコノミー（シェアエコ）」とは

- **シェアリングエコノミー**（以下「**シェアエコ**」という）とは、個人・組織・団体等が保有する何らかの有形・無形の**資源**（モノ、場所、スキル、資金など）を売買、貸し出し、**共有**（シェア）する新たな経済の動きのこと。

- シェアエコは、**サービス提供者**と**利用者**の双方にメリットがある。**サービス提供者**は、自分の**資産**（自動車・自宅・自分のスキル・時間）を**有効活用**して収入を得ることができる。他方、**利用者**にとっては、料金が安く、気軽に利用したり、購入できるメリットがある。

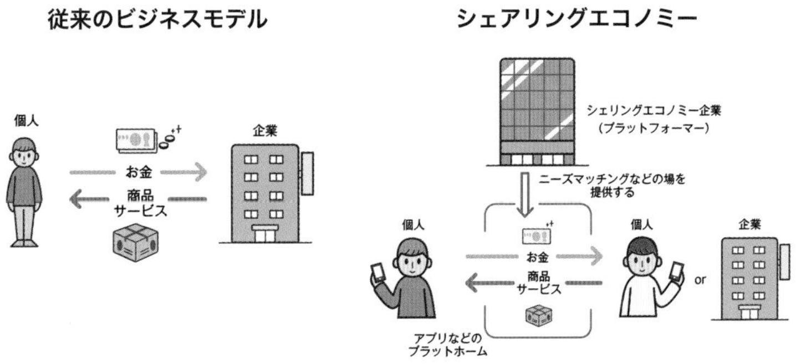

従来のビジネスモデル

個人　お金→　←商品 サービス　企業

シェアリングエコノミー

シェリングエコノミー企業（プラットフォーマー）
ニーズマッチングなどの場を提供する
個人　お金→　←商品 サービス　個人 or 企業
アプリなどのプラットホーム

・プラットフォームとは「サービスの提供者」と「利用者」をつなぐための「場」のこと。
　例：メルカリ・Uber Eats のアプリ等

- シェアエコが注目されている背景には、スマートフォンや SNS が普及したことや、**大量生産・大量消費・大量廃棄**の社会構造から、「**共助**」「**共有**」「**共創**」による持続可能な社会構造へ変化していることがある。

（シェアリングエコノミーの例）
- 個人間で、衣類、雑貨など不要となったモノを売買する ➡フリマアプリ
- 個人が、料理を注文した人に配達する ➡ウーバーイーツ
- 個人が、空いている部屋を旅行者に貸し出す ➡民泊
- 個人が、自家用車を使って有料で人を運ぶ ➡ライドシェア（政府で審議中）
- 地域内で自動車・自転車を共有する ➡カーシェアリング・シェアサイクル
- 使われていない農地や遊休地を家庭菜園として貸し出す ➡シェア畑

② 自治体が「シェアエコ」を推進する意義

地域社会のデジタル化 詳しくはテーマ⑦

- 少子高齢化が加速すると、深刻な担い手不足となり、地域機能を維持すること難しくなる。そこで、持続可能な地域社会を実現するために**地域社会のデジタル化**が重要であり、そのひとつに**デジタルプラットフォーム**を基本とする**シェアエコ**が挙げられている。

SDGsへの貢献 詳しくはテーマ⑭⑯

- **シェアエコ**は、資源を**リユース・リデュース**するため、**社会全体のムダを減らし**、その結果、多くの**CO_2削減効果**が期待できる。

新しい共助の仕組み 詳しくはテーマ⑪

- 少子高齢化の急速な進行によって自治体の抱える問題は複雑化している。しかし、地域のコミュニティは希薄化しており、これまで住民同士で支え合ってきた「**共助**」のつながりは弱くなっている。そこで、「**新しい共助のつながり**」であるシェアエコを活用して**地域課題の解決**を図っていく取組が進められている。

③ 地域課題の解決に向けたシェアエコの活用事例

- ここからは、総務省が自治体に向けた「**地域課題の解決に向けたシェアリングエコノミー活用ハンドブック**」から、ポイントを紹介する。

- 「**子育て・家事のシェア**」は、子育てをしている親（利用者）と、空き時間に子育て・家事スキルを活用したい人（提供者）をプラットフォームを通じてマッチングするサービスである。「今すぐ子どもを預けたい」などのニーズにも柔軟な対応ができる場合もあり、子育て家庭を支える「**新しい共助のつながり**」である。

- 「**日常での困りごと**」がある住民（利用者）と、その困りごとを解決するスキルを持つ住民（提供者）をプラットフォームを通じてマッチングするサービスである。提供者はあらかじめ自分のスキルや金額等をプラットフォームに登録し、依頼者が申し込むとマッチングが成立する。困りごと持つ住民を地域で支え合う「**新しい共助のつながり**」である。

- 「**移動のシェア**」は、**同乗希望者**（利用者）と**ボランティアドライバー**（提供者）をプラットフォームを通じてマッチングするサービスである。有償で同乗サービスを提供する行為は、現在道路運送法による規制があるため、目的地に到着したら、**相乗り料金のみ**（ガソリン代・有料道路代の実費）を利用者から受け取るサービスである。高齢者の交通手段を地域で支え合う「**新しい共助のつながり**」である。

- 「**スペースシェア**」は、観光シーズンなど観光客が増加する時期に、ホテルや駐車場が満室で困っている**観光客**（利用者）と、空き家や空き部屋、空き駐車場などを**貸したい人**（提供者）をプラットフォームを通じてマッチングすることで、需給のミスマッチを改善することができる。

- **地域の魅力を伝える**「スキル」や、**外国語で観光案内をする**「スキル」を持つ人（提供者）と、観光客（利用者）をマッチングすることで、旅行会社にはない地元の人ならではの体験プログラムやツアーガイドを提供できる。また、地元の人と観光客が直接関係を持つ機会が増えることで「**関係人口**」の拡大が期待できる。

「関係人口」についてはテーマ⑩

取組事例

▶ シェアリングエコノミーの推進［デジタル庁］

デジタル庁は、シェアリングエコノミーについて、サービスの安全性、信頼性の向上を図りつつ、更なる社会への浸透・定着につながる取組を推進している。

▶ 自治体連携シェアサービス

シェアリングエコノミー協会は、各種シェアサービスを紹介している。

テーマ14 ゼロカーボンシティの実現

問題 現在、地球規模での平均気温の上昇が指摘され、その要因とされる地球温暖化が大きな問題となっている。特別区でも、2050年までに温室効果ガスの排出量を実質ゼロとする「ゼロカーボンシティ特別区」の実現に向けて取組が進められている。このような状況を踏まえ、ゼロカーボンシティ特別区を実現するために、特別区の職員としてどのように取り組むべきか、あなたの考えを論じなさい。

▶ 重要ワード

地球温暖化、気候変動、温室効果ガス、パリ協定、カーボンニュートラル、ゼロカーボンシティ、ZEB化、再生可能エネルギー、再生可能エネルギーオークション、エシカル消費、ゼロカーボンシティ特別区

▶ 答案メモ

ブロック①

- 地球温暖化が進行している**現状**（気候変動・温室効果ガスの排出量など）
- 特別区の**特徴**（資源やエネルギーの大量消費地）
- 温室効果ガスの排出が環境に与える**影響**

ブロック②

- 「**ゼロカーボンシティ**」の実現に向けて取り組んでいく。

ブロック③

- 第一は、**区有施設のZEB化推進**である。
- 第二は、**再生可能エネルギーへの切り替え**である。
- 第三は、**エシカル消費の普及促進**である。

ブロック④

- 「**ゼロカーボンシティ特別区**」のビジョンを共有しながら、企業や教育機関、区民や来街者など特別区に関わるあらゆる主体と連携して取り組んでいく。

合格記載例

ブロック①

現在、世界規模で地球温暖化が進行しており、その影響で、大型台風の発生、豪雨、猛暑、暖冬など、深刻な気候変動が発生している。また、日本での温室効果ガスの排出量は減少傾向ではあるが、依然として11億トン以上が排出されている状況である。特に**特別区**は、人口や経済活動が集中し、資源やエネルギーの大量消費地として大量の温室効果ガスを排出している。今後、このまま温室効果ガスの排出が続くと、自然生態系や人々の健康、社会経済活動などへの大きな影響が懸念されており、地球温暖化への対策は喫緊の課題である。

特別区の「特徴」について触れています。

ブロック②

このような状況のもと、地球温暖化対策についての国際的な枠組みであるパリ協定では、政府は2050年までに温室効果ガスの排出量を実質ゼロにする、カーボンニュートラルの目標を掲げている。そこで、特別区としても、「ゼロカーボンシティ」の実現に向けて取り組んでいく。以下、具体的に述べる。

ブロック③

第一は、区有施設のＺＥＢ化推進である。**区内**でのＣO_2排出量の約８割は、事務所ビル、商業施設、住宅等が占めており、ゼロカーボンシティの実現に向けて、建築物への対策が必要不可欠である。そこで、まずは区が率先して区有建物のＺＥＢ化に取り組んでいく。例として、板橋区は、区役所や小学校などの区有建物に、太陽光発電、風力発電などの再生可能エネルギー（以下「再エネ」という）の導入に取り組んでいる。また、港区でも、太陽光発電、自然採光、断熱、自然換気、ＬＥＤ等を取り入れることで、段階的なＺＥＢ化に取り組んでいる。このように、まずは区が率先して、ＺＥＢ化に取り組むことで、ゼロカーボンシティに向けた区民や企業の**機運を醸成**していく。

特別区でのCO_2排出量の「現状」から、ZEB化へ向けた取組につなげています。

少し難しい言葉ですが、「きうん」を「じょうせい」するとは、行動を起こすために、少しずつ状況を作り上げていくことで、簡単にいうと、雰囲気を作り出していくことです。

第二は、再生可能エネルギーへの切り替えである。ゼロカーボンシティを実現するためには、化石エネルギーから再エネへ段階的に切り替えていく必要がある。そこで、企業を対象に、電力の再生可能エネルギーオークションの普及に取り組んでいく。例として、新宿区は、環境省が推奨するこのサービスを活用して、再エネへの切替を推進している。再エネオークションを活用することで、中小企業は、CO_2の排出削減のみならず、再エネ電力を安く購入することができ、さらに、環境への配慮により企業イメージをアップさせることができる。このように、自治体が再エネオークションの普及を後押しすることで、再エネへの切り替えを加速させていく。

第三は、エシカル消費の普及促進である。地球温暖化は、すでに私たちの身近な日常生活に影響を及ぼしており、一人一人が環境を意識したライフスタイルへの転換が**不可欠**である。そこで、特別区として、エシカル消費を推進していく。具体的には、買い物で商品を選ぶときに、価格、品質のほかに、環境、社会、人に優しいものを選択するように働きかけていく。例として、東京都では、「ちょっと考えて、ぐっといい未来」をスローガンに、エシカル消費の普及に取り組んでいる。このように、自分のことだけでなく、自分以外の人や社会、環境のことを考えて行動するエシカル消費の浸透に取り組んでいく。

「エシカル消費」が必要な根拠について触れています。

ブロック④

以上を踏まえて、2050年カーボンニュートラルの実現のためには、一人一人が当事者意識を持ち、生活や経済活動での行動変容が重要になる。そのためには、「ゼロカーボンシティ特別区」の**ビジョンを共有**しながら、企業や教育機関、区民や来街者など特別区に関わるあらゆる主体と連携して取り組んでいく。

自治体だけでの取組では、大きな効果は期待できません。特別区の未来の「ビジョン」を多くの人と共有しながら、連携して取り組んでいくことで大きな効果が生まれます。

1388字

このテーマのポイント

① 地球温暖化の現状

- 現在、世界規模で地球温暖化が進行している影響で、**大型台風の発生**、**豪雨**、**猛暑**、**暖冬**など、深刻な**気候変動**が発生している。

- 2020年度、日本における温室効果ガスの**「排出量」**は、11億5000万トンであり、2014年度以降、**7年連続で減少**している。一方で、森林等による温室効果ガスの**「吸収量」**は、4450万トンである。また、温室効果ガスの**「排出量」**から**「吸収量」**を引いた量は、11億600万トンであり、2013年度比で21.5%**減少**している。

- IPCC第5次評価報告書では、20世紀末頃と比べて、**有効な温暖化対策をとらなかった場合**、21世紀末の世界の平均気温は、2.6～4.8℃上昇し、**厳しい温暖化対策をとった場合**でも、0.3～1.7℃上昇、平均海面水位は、最大82cm上昇する可能性が高いと予測している。

気温の上昇

・青字：2℃上昇
・赤字：4℃上昇
・年平均気温が約1.5℃/約4.5℃上昇

猛暑日や熱帯夜は
ますます増加
冬日は減少する

強い台風の増加

・台風に伴う雨と風が強まる

海面水位の上昇

・沿岸の海面水位が
約0.39m/約0.71m 上昇

激しい雨の増加

・日降水量の年最大値が
約12%（約15mm）/約27%（約33mm）増加
・50mm 以上の雨の頻度は約1.6倍/約2.3倍増加

資料：文部科学省・気象庁「日本の気象変動 2020」より国土交通省作成

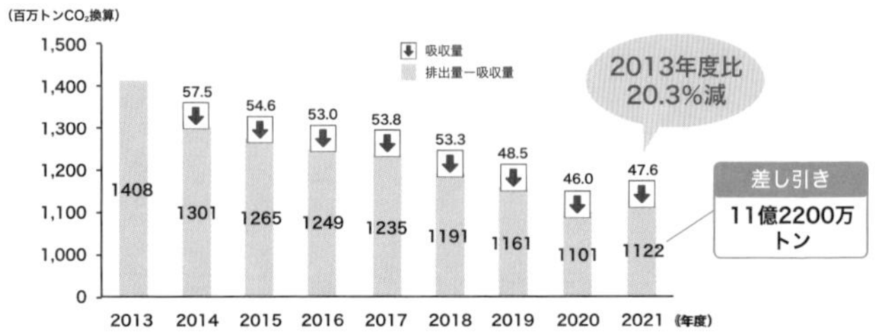

②「パリ協定」とは

- 「**パリ協定**」は、国際社会全体で地球温暖化対策を進めていくための条約であり、すべての参加国に温室効果ガス排出削減の努力を求めている。
- パリ協定の長期目標は、世界の平均気温上昇を産業革命以前に比べて2℃より十分低く保ち、1.5℃に抑える努力をすることになっている。

③「カーボンニュートラル」とは

- 「**カーボンニュートラル**」とは、二酸化炭素などの温室効果ガスの**排出量**と**吸収量**を**均衡**させること。温室効果ガスの排出量を完全にゼロにするのは難しいため、排出した分は吸収（除去）することで、**全体として実質ゼロ**を目指す取り組みが進められている。**政府**は、温室効果ガスの排出量を**2050 年までに実質ゼロ**にすると宣言した。

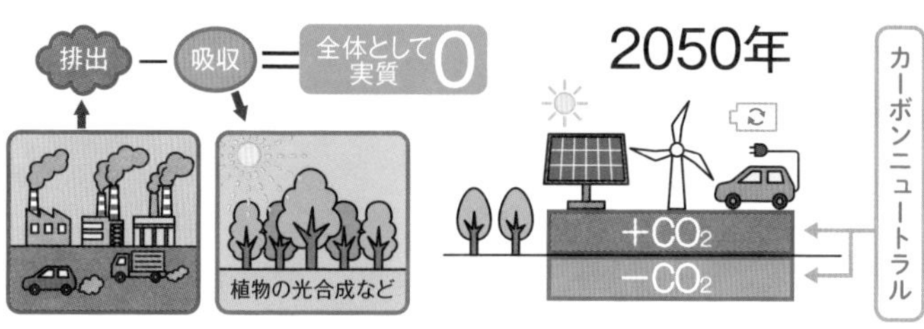

④「ゼロカーボンシティ」とは

- 「**ゼロカーボンシティ**」は、2050 年に二酸化炭素排出量を実質ゼロにすることを表明した**自治体**のことである。2023 年 9 月末で、991 の自治体がゼロカーボンシティを表明している。
- ゼロカーボンシティになるためには、**ゼロカーボンシティ宣言**を行わなければならず、宣言をした自治体は、政府から様々な支援を受けることができる。

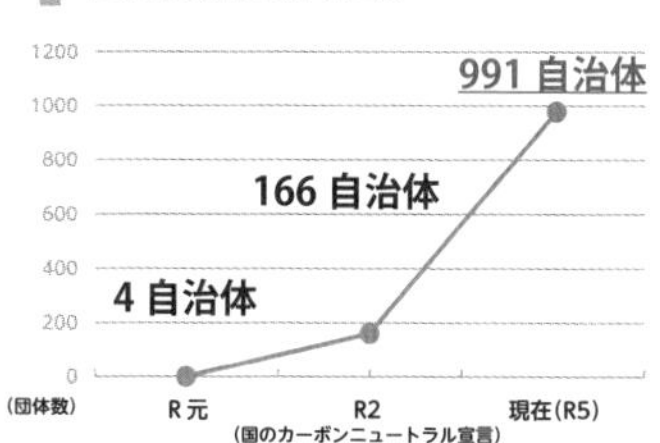

⑤「ZEB 化」とは

- 「ZEB（ゼブ）」は、Net Zero Energy Building：ネット・ゼロ・エネルギー・ビルのことで、建物での**エネルギー使用量**を LED 照明などの省エネ機器で**減らし**、それでも減らせない分は太陽光発電など**再生可能エネルギー**を**利用**することで、建物で消費する**年間のエネルギー収支**を**ゼロ**にすることを目指した建物のこと。※収支とは「＋」と「－」の合計のこと。

- 建物を **ZEB 化**することで、光熱費の削減、不動産価値の上昇、災害時のエネルギー不足の改善などのメリットがある。

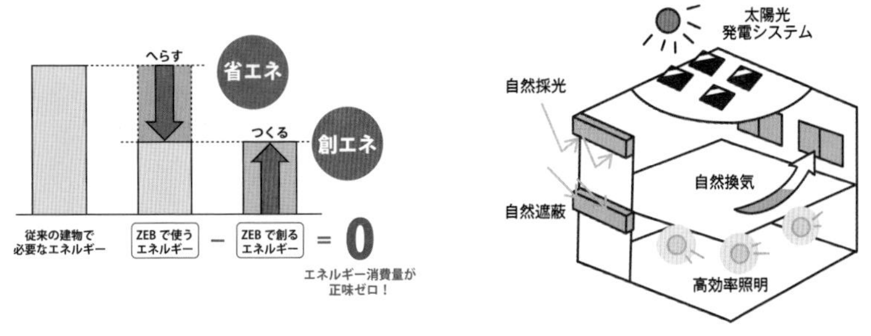

⑥「再生可能エネルギー」とは

- 「**再生可能エネルギー**」は、温室効果ガスを排出しないエネルギーである。主に**太陽光・風力・水力・地熱・バイオマス**などが挙げられる。**再エネ**とも呼ばれる。

- 日本では、**再生可能エネルギー**の**電源構成比率**は諸外国と比べて低い水準である。そこで政府は、2030 年度には再生可能エネルギーの比率を30%後半にする目標を立てている。

⑦「再生可能エネルギーオークション」とは

- 「**再生可能エネルギーオークション**」は、企業や自治体が、最安の電力販売会社を見つけることができるオークションサービスのこと。一般的なオークションとは逆に、**競り下げ方式**であり、電力販売会社は**低い電力単価**を**入札**することで**落札**できる。

- **再生可能エネルギー比率**を指定した（10%、30%、50%、100%）オークションも可能であり、これによって**企業**や**自治体**は**再生可能エネルギー**をより安く購入することができる。近時、エネルギー価格の高騰もあり、多くの自治体が再生可能エネルギーの導入に力を入れている。

⑧「エシカル消費」とは

- 「**エシカル消費**」とは、例えば、日々の買い物の場面で自分の損得だけではなく、環境、社会、人などに**配慮**されたものを選ぶなど、**社会的**な**課題の解決**につながるような**消費**をすることをいう。※エシカルとは倫理的・道徳的という意味。

- 大量生産・大量消費・大量廃棄の暮らしによって、地球温暖化や海洋汚染などが発生し、生態系が破壊され、異常気象による農作物への被害が深刻化している。そこで、**環境負荷の高い商品**よりも**低い商品**を購入するといった**消費行動**が広まれば、販売している企業の意識や行動も変わり、社会を変えることにつながっていく。

- 例えば、**環境負荷の低い商品**に付く様々な「**認証マーク**」があり、エシカルな商品を選ぶ際の**指標**とすることができる。

エコマーク

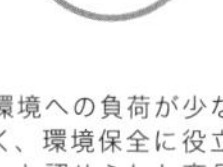

環境への負荷が少なく、環境保全に役立つと認められた商品に付けられる

国際フェアトレード認証ラベル

生産者の生活を守り、自然保護にも配慮して生産された商品に付けられる

FSC® 認証

適切に管理された森林からの木材や、適格だと認められたリサイクル資源から作られた商品に付けられる

消費者庁
エシカル消費取組一覧

取組事例

▶ 再生可能エネルギー 100%導入［板橋区］

板橋区は、二酸化炭素排出量を削減するために、区役所や区有施設約 40 か所で、二酸化炭素排出量を実質ゼロにする「**再生可能エネルギー 100%の電力**」を導入している。

▶ 区有施設の ZEB 化［港区］

港区は、**ゼロカーボンシティ**の実現に向けて、区有施設の**ZEB 化**を推進し、民間建築物の **ZEB 化**を促進している。

▶ 新宿再エネオークション［新宿区］

新宿区は、ゼロカーボンシティを実現するために、**企業と連携して**、環境省が推奨する**再生可能エネルギーオークション**を推進している。

▶ TOKYO エシカル［東京都］

東京都では、**企業と連携して**、駅構内や大型商業施設など多くの人が行き交う場所で、**エシカル消費**に関係する商品の展示・販売を行ったり、「**エシカル消費**」という言葉の認知度を高めるためのイメージビデオの放映などに取り組んでいる。

▶ エシカル消費実践に向けた PR 動画制作［京都市］

京都市は、市民に「**エシカル消費**」の内容を分かりやすく伝えるため、気軽に学べる動画を制作している。

テーマ15 海洋プラスチックごみ問題

問題 海洋プラスチックごみの現状を踏まえた上で、取り組むべき施策について述べなさい。

▶ 重要ワード

海洋プラスチックごみ、マイクロプラスチック、SDGs 目標 14、循環型社会、3R、ワンウェイプラスチック、バイオプラスチック、産学官連携、アダプト・プログラム

▶ 答案メモ

ブロック①

- 海洋プラスチックごみの**現状**
- プラスチックごみが海洋に与える**影響**

ブロック②

- 海洋プラスチックごみは、陸上のごみが、海へ流出することによって発生しているため、全ての地域の問題として捉え、「**海洋プラスチックごみゼロ**」に向けて取り組んでいく。

ブロック③

- 第一は、**循環型社会の実現**である。
- 第二は、**新素材への転換**である。
- 第三は、**地域と連携した清掃活動**である。

ブロック④

- 「**海洋プラスチックごみゼロ**」のビジョンを共有しながら、企業や教育機関、地域社会など様々な主体と連携して取り組んでいく。

合格記載例

ブロック①

　現在、日本の海洋に流出するプラスチックごみの量は年間約2～6万トンと推計されており、このままでは、2050年には海洋プラスチックごみの量は魚の量を上回ると予測されている。このような海洋プラスチックごみは、地球規模での海洋汚染を進行させている。また、細分化された**マイクロプラスチック**が、海洋生物の体内に取り込まれることで深刻な影響を引き起こしており、海洋プラスチックごみへの対策は喫緊の課題である。

ブロック②

　このような状況のもと、**SDGs目標14**では、特に、陸上の人間の活動も含めた、海洋汚染の防止が挙げられている。これは、海洋プラスチックごみの約8割は、陸上のビニール袋やペットボトルが、海へ流出して発生しているからである。そこで、海洋プラスチックごみ問題を、全ての地域の問題として捉えながら、「海洋プラスチックごみゼロ」に向けて取り組んでいく。以下、具体的に述べる。

ブロック③

　第一は、循環型社会の実現である。大量生産・大量消費・大量廃棄の社会のもとで、多くのプラスチックごみは、我々の生活や経済活動から生じている。そこで、**循環型社会**の実現に向けて取り組んでいく。具体的には、企業や自治体の3R活動や**ワンウェイプラスチック**削減についての取組事例を、シンポジウムやセミナー等によって広く社会全体に発信していく。また、積極的に取り組む企業の公表や表彰を行うなど、循環型社会への機運を醸成していく。

　第二は、新素材への転換である。自然環境で分解されずに半永久的に残り続けるプラスチック素材を、**バイオプラスチック**などの新素材へ転換していく。しかし、新素材の実用化には多くのコストがかかってしまうといった課題がある。そこで、大学が持つ新しい視点や研究力、企業が持つ実用化や収益化のための事業力、行政のもつ各主体間の調整力や公的資金でのサポート力をベースとした産学官連携によって、プラスチック素材から新素材への転換を進めていく。

　第三は、地域と連携した清掃活動である。前述したように、海洋プラスチックごみの多くが、陸上から海に流出す

「マイクロプラスチック」は、海洋プラスチックごみの中でも5mm未満の微細なプラスチックごみのことであり、海洋生態系にとって深刻な問題となっています。

SDGs目標14のターゲット1は、「海洋ごみや富栄養化など、特に陸上の人間の活動によるものをふくめ、あらゆる海の汚染をふせぎ、大きく減らす」としています。

資源の効率的・循環的な利用によって持続可能な社会を実現すること。

一度だけ使用されて廃棄される使い捨てプラスチック製品のこと。

植物などを原料とする「バイオマスプラスチック」と、細菌など微生物の働きによって自然界で分解される「生分解性プラスチック」をまとめた呼び方。

ることで発生している。そこで、身近な地域で、ごみの回収など環境保全活動を行うアダプト・プログラムを推進して、海へ流出するごみを減らしていく。この活動では、住民ボランティアが地域での清掃活動を行い、自治体は清掃用具の貸出しや、ゴミの回収などの支援を行う。このように、地域社会と自治体で協働しながら、海へ流出するプラスチックごみを減らしていく。

ブロック④

以上を踏まえて、海洋プラスチックごみ問題の解決のためには、一人一人が当事者意識を持ち、生活や経済活動での行動変容が重要になる。そのためには、「海洋プラスチックごみゼロ」の**ビジョンを共有**しながら、企業や教育機関、地域社会など様々な主体と連携して取り組んでいく。

1140字

自治体だけでの取組では、大きな効果は期待できません。地域の未来の「ビジョン」を多くの人と共有しながら、連携して取り組んでいくことで大きな効果が生まれます。

このテーマのポイント

①「海洋プラスチックごみ」について

- 「**海洋プラスチックごみ**」は、ポイ捨てや放置されたビニール袋やペットボトルが**海へ流出**したものである。プラスチックは、自然環境では分解されず**半永久的**に残り続けるため、海洋生態系や海洋環境の破壊など様々な悪影響を引き起こしている。具体的には、死んだ海鳥の胃の中から誤って食べたプラスチックが多く見つかったり、魚の胃の中からも、**マイクロプラスチック**が発見されている。

海洋プラスチックごみ
対策アクションプラン

②「3R」とは

- 「**3R**」とは、**リデュース**（ごみの発生抑制）、**リユース**（モノの再使用）、**リサイクル**（再生利用）の頭文字を取った３つのアクションの総称である。大量生産・大量消費・大量廃棄の社会から「**循環型社会**」の実現に向けて、プラスチックごみについて「**3R**」に取り組んでいくことが重要になる。

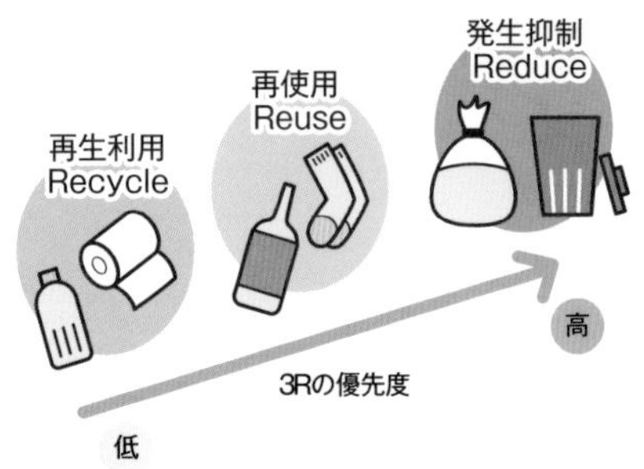

環境省
3R 徹底宣言！

③「産学官連携」とは

- 「**産学官連携**」とは、民間企業やNPO法人などの「**産**」、大学などの教育機関である「**学**」、国や地方自治体などの「**官**」の**三者が連携**して、**新技術**や**新製品**の研究開発から実用化、**新事業**の創出を行うこと。

- **企業**が持つ実用化や収益化のための**事業力**、**大学**が持つ新しい視点や**研究力**、**行政**のもつ各主体間の**調整力**や公的資金での**サポート力**など、**三者が連携**することで、それぞれ単独では実現が困難な新規プロジェクトなどで**成果**を得ることができる仕組みである。

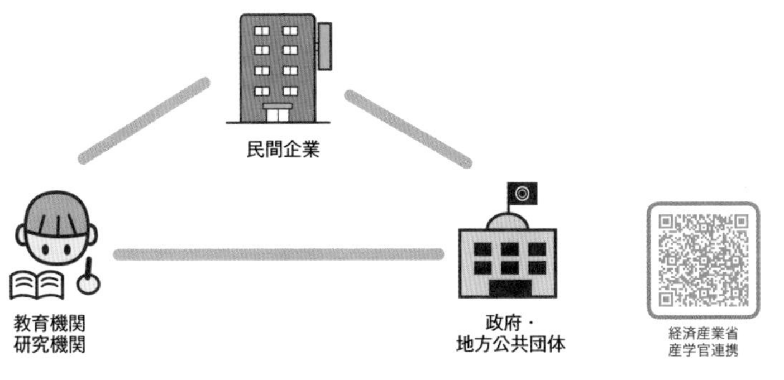

経済産業省
産学官連携

④「アダプト・プログラム」とは

- 「**アダプト・プログラム**」とは、公共区画の一部（駅前、道路、公園、河川敷、海岸等）を**養子**に見立て、**里親**（住民・ボランティア等）が愛情や責任を持って、区画の**清掃**や**美化活動**を行うものである。この活動では、**住民ボランティア**が主体的に区画の清掃活動等を行い、**自治体**は清掃用具の貸出しや、ゴミの回収、看板の提示などの支援を行っている。

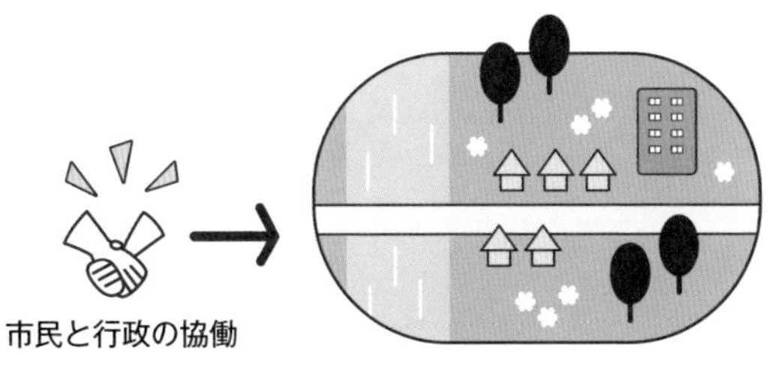

アダプト・プログラム
全国普及状況

取組事例

▶ **プラスチック・スマートプロジェクト［世田谷区］**

世田谷区は、**プラスチックごみの削減**に向けた意識を醸成するため、海洋プラスチックごみ問題に関する様々な情報を区民や事業者に分かりやすく伝えている。

▶ **めぐろ買い物ルール［目黒区］**

目黒区は、リデュース（発生抑制）、リユース（再利用）、食品ロス削減につながる**5つのルール**を、区内に広めていくことで、区全体でごみ削減に取り組んでいる。

▶ **プラスチック・スマート× Minato Action［港区］**

港区は、区が開催するイベントで、プラスチックを使った物を配布せず、包装も省略するなど、区役所から排出される「**使い捨てプラスチック**」の排出ゼロを目指している。

▶ **かまくらプラごみゼロ宣言［鎌倉市］**

鎌倉市は、環境負荷の少ない「**循環型社会**」を実現するため、市民、事業者、行政が連携・協働して3Rを推進している。

▶ **ごみ拾いＳＮＳ「ピリカ」［三重県］**

三重県は、環境美化活動の内容を、ごみ拾いＳＮＳピリカに投稿してもらい、その参加人数や集めたごみの量を見える化するなど、ごみの自然界流出問題の解決に向けて取り組んでいる。

食品ロス問題

問題 食品ロスの現状を踏まえた上で、取り組むべき施策について述べなさい。

重要ワード

食品ロス、SDGs 目標 12、家庭系食品ロス、てまえどり、おいしいめやす、事業系食品ロス、フードシェアリング、フードバンク

答案メモ

ブロック①

- 食品ロスの簡単な定義・現状
- 食品ロスが環境に与える影響

ブロック②

- 「食品ロスゼロ」に向けて取り組んでいく。

ブロック③

- 第一は、家庭系食品ロス削減である。
- 第二は、企事業系食品ロス削減である。
- 第三は、地域での食品の有効利用である。

ブロック④

- 「食品ロスゼロ」のビジョンを共有しながら、企業や教育機関、地域社会など様々な主体と連携して取り組んでいく。

合格記載例

ブロック①

食品ロスとは、まだ食べられるのに、捨てられてしまう食べ物のことをいう。政府の調査では、日本における1年間の食品ロスは、約600万トン以上であり東京ドーム約5杯分という。このような食品ロスは、大量の食べ物が無駄になるだけでなく、残った食品は可燃ごみとなってしまう。これによって、大量の温室効果ガスを排出し地球温暖化の原因にもなるため、食品ロスの削減は喫緊の課題である。

ブロック②

このような状況のもと、SDGs目標12でも食品ロスの削減が掲げられているが、政府は、2030年までに食品ロスを半減するという目標を立てている。そこで、「食品ロスゼロ」に向けて取り組んでいく。以下、具体的に述べる。

ブロック③

第一は、家庭系食品ロス削減である。食品ロスのうち約半分が**家庭**から出ている。そして、その主な原因は、食べ残し、野菜の食べられる部分の過剰除去、賞味期限などの理由で未開封のまま捨ててしまう直接廃棄などがある。そこで、各家庭で、無駄なく食材を使うことや、計画的な買い物を心掛けるように啓発していく。また、お店の商品棚で手前にある商品を選ぶ「**てまえどり**」や、賞味期限の表示は「**おいしいめやす**」など、家庭系食品ロスを減らすアイディアを、広報誌やスーパーマーケットでのポスター、SNS等により発信していく。

第二は、事業系食品ロス削減である。食品ロスのうち残りの約半分が食品関連の企業から出ている。そこで、お店で売れ残った食品や料理と、購入を希望する消費者をマッチングすることで、食品ロスの削減を図る「**フードシェアリング**」の拡大に取り組んでいく。例えば、フードシェアリングアプリは、閉店間近で料理が余っている飲食店と、お得に購入したいユーザーをマッチングすることができる。このように、事業系食品ロスを削減するために、フードシェアリングネットワークの拡大に取り組んでいく。

第三は、地域での食品の有効利用である。地域で余った食品を集めて、食料に困っている人に配布していくフードバンク活動を後押ししていく。しかし、フードバンク活動の普及には、運営費や人手の不足など多くの**課題**がある。

食品ロスの原因は、①家庭系食品ロス、②事業系食品ロスの２つに大別されます。

日頃の買い物のなかで、商品棚の手前にある商品や、販売期限の迫った商品を積極的に選ぶ「てまえどり」によって食品ロスを削減する効果が期待されています。テーマ⑭のエシカル消費と関連して押さえておきましょう。

食品の期限表示は、「消費期限」と「賞味期限」の２種類があり、消費期限は「食べても安全な期限」、賞味期限は「おいしく食べることができる期限」です。つまり、賞味期限は、過ぎてもすぐに廃棄せずに自分で食べられるかどうかを判断することも大切です。

「フードシェアリング」は、シェアリングエコノミーのひとつです。シェアリングエコノミーについては、テーマ⑬で詳しく解説しています。

現在、全国でフードバンク活動が進められていますが、同時に多くの課題を抱えています。これらの課題に取り組んでいくことで、フードバンクネットワークを拡大していきます。

そこで、フードバンク団体の人件費や、倉庫・配送車の費用を補助したり、フードバンク団体と食品企業とのマッチングを支援していく。また、フードバンク活動の支援者を増やしていくために、広報誌や自治体ホームページ、ＳＮＳによって活動内容を発信するなど、フードバンクネットワークの拡大に取り組んでいく。

ブロック④

　以上を踏まえて、食品ロスの削減のためには、一人一人が当事者意識を持ち、生活や経済活動での行動変容が重要になる。そのためには、「食品ロスゼロ」の**ビジョンを共有**しながら、企業や教育機関、地域社会など様々な主体と連携して取り組んでいく。

1117字

自治体だけでの取組では、大きな効果は期待できません。地域の未来の「ビジョン」を多くの人と共有しながら、連携して取り組むことで大きな効果が生まれます。

このテーマのポイント

①「食品ロス」とは

- 「**食品ロス**」とは、まだ食べられるのに、捨てられてしまう食べ物のことである。食品ロスの問題は、大量の食べ物が無駄になるだけでなく、残った食品は可燃ごみとなるため大量の**温室効果ガス**を排出したり、地球規模での人口増加によって今後予測されている**食料危機**に対応できないことが懸念されている。

- 食品ロスの**約半分**は**家庭系食品ロス**（食べ残し・賞味期限で廃棄など）である。**残りの約半分**は**事業系食品ロス**（製造企業での規格外品やパッケージの印字ミス、コンビニエンスストアでの売れ残り、飲食店での食べ残し等）である。

②「フードシェアリング」とは

- **飲食店等**が、そのままだと廃棄される商品を**フードシェアリング**の**サイトやアプリ**に出品し、その情報を見た**消費者**がオンライン決済し、飲食店に商品を取りにいくという仕組みである。飲食店などは食品ロスを削減でき、消費者は食品を安く購入できるというメリットがある。

「シェアエコ」についてはテーマ⑬

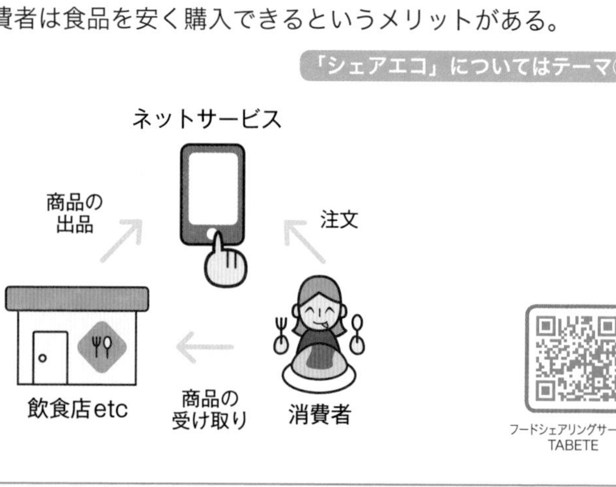

フードシェアリングサービス
TABETE

③「フードバンク」について

- **フードバンク**とは、食品関連の**企業**の製造過程で発生してしまう、包装の破損や過剰在庫、印字ミスなど、安全に食べられるのに流通に出すことができない**食品**をもらい受けて、食料を必要としている施設や団体、困窮世帯に無償で提供する団体（主に NPO 法人等）のこと。

- **フードバンク**は、**事業系食品ロス**の削減や、**貧困問題**の解決にも役立つ取組である。また、**フードバンク**へ食品を提供した企業は、税制が優遇されるなどのメリットがある。

「子どもの貧困」についてはテーマ⑲

フードバンク　活動全体像

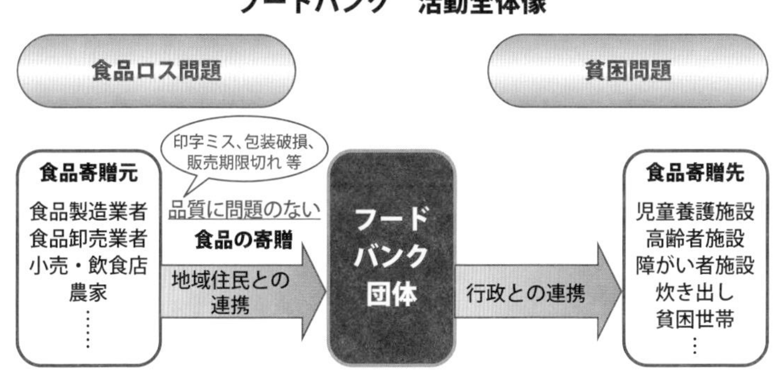

● ［参考］フードドライブとは

- **フードドライブ**は、地域住民によって**家庭系食品ロス**を削減するため、**家庭で余っている食品**を集めて、地域のフードバンク、生活困窮者支援団体、子ども食堂、福祉施設等に寄付する活動のことである。

- 前述の**フードバンク事業**は、主に「**事業系食品ロス**」の削減に視点があるのに対して、**フードドライブ事業**は、主に「**家庭系食品ロス**」の削減に視点がある。

取組事例

▶ 食品ロスを減らしましょう［消費者庁］
消費者庁は、**食品ロス削減**に向けた啓発ポスターやパンフレットを配布している。

▶ フードシェアリングサービスの活用［横浜市］
横浜市は、食品ロスを削減するために、民間企業と連携して、**フードシェアリングサービス**の普及に取り組んでいる。

▶ フードバンク実態調査事業
流通経済研究所は**フードバンク活動団体**の活動をまとめている。

▶ フードバンクかながわ［神奈川県］
神奈川県は、社会の食品ロス削減に向けた意識の向上を図るために、公益法人である「**フードバンクかながわ**」の活動を後押ししている。

▶ 商慣習見直し事例集の作成［富山県］
富山県は、**事業系食品ロス**を削減するため、納品期限の緩和や過剰在庫の解消等に取り組む事業者の優良事例集を作成し、食品ロスの削減に取り組んでいる。

▶ 児童向け冊子の作成［藤枝市］
藤枝市は、食品ロス問題をわかりやすく学ぶことを目的として、児童向けの冊子を作成し配布している。

環境問題全般

問題 様々な環境問題の現状を踏まえた上で、取り組むべき施策について述べなさい。

▶ 重要ワード

地球温暖化、海洋汚染、食糧問題、環境負荷の軽減、パリ協定、カーボンニュートラル、エシカル消費、海洋プラスチックごみ、循環型社会、3R、ワンウェイプラスチック削減、食品ロス、フードバンク、持続可能な地球環境

▶ 答案メモ

ブロック①

・ 環境問題（地球温暖化、海洋汚染、食糧問題）の**現状・背景**

ブロック②

・ 私たち一人一人が、その生活や経済活動のプロセスを見直し、**環境負荷の軽減**に取り組んでいく。

ブロック③

・ 第一は、**地球温暖化問題**である。
・ 第二は、**海洋プラスチックごみ問題**である。
・ 第三は、**食品ロス問題**である。

ブロック④

・ 「**持続可能な地球環境**」のビジョンを共有しながら、企業や教育機関、地域社会など様々な主体と連携して取り組んでいく。

合格記載例

ブロック①

　我々の生活や経済活動は、地球環境にあらゆる影響を与えている。例えば、化石燃料に依存したエネルギー供給や、ワンウェイプラスチックの普及など、大量生産・大量消費・大量廃棄の社会構造は、グローバルな問題として地球温暖化、海洋汚染、食糧問題などの問題を加速させている。このような環境問題は、我々の生活や経済活動から生じる環境負荷が相互に関連して引き起しており、各環境問題への対策は喫緊の課題である。

ブロック②

　このような状況のもと、私たち一人一人が、その生活や経済活動のプロセスを見直し、**環境負荷**の軽減に取り組んでいく必要がある。以下、具体的に述べる。

環境に与えるマイナスの影響のこと。

ブロック③

　第一は、地球温暖化問題である。**現在**、地球温暖化の原因となる温室効果ガスの排出量は史上最高水準に達しており、カーボンニュートラルに向けた取組は喫緊の課題である。こうしたなか、国際的な枠組みであるパリ協定のもと、政府は2050年までに温室効果ガスの排出量を実質ゼロにする、カーボンニュートラルの目標を掲げている。そこで、エシカル消費を推進していく。例えば、買い物でどれを買うのかを選ぶときに、価格、品質のほかに、環境、社会、人などに優しいものを選択するように働きかけていく。このように、自分のことだけでなく、自分以外の人や社会、環境のことを考えるエシカル消費の浸透に取り組んでいく。

SDGs 目標 13「気候変動に具体的な対策を」では、地球温暖化や気候変動に対する緊急対策が求められています。詳しくは、テーマ⑭で解説しています。

　第二は、海洋プラスチックごみ問題である。日本の海洋に流出する**プラスチックごみの量**は年間約２～６万トンと推計されており、このままでは、2050年には海洋プラスチックごみの量は魚の量を上回ると予測されている。このような海洋プラスチックごみは、地球規模での海洋汚染を進行させている。また、細分化されたマイクロプラスチックが、海洋生物の体内に取り込まれることで深刻な影響を引き起こしている。そこで、循環型社会の実現に向けて取り組んでいく。具体的には、企業や自治体の３Ｒ活動やワンウェイプラスチック削減についての取組事例を、シンポジウムやセミナー等によって広く社会全体に発信していく。また、積極的に取り組む企業の公表や表彰を行うことで、

SDGs 目標 14「海の豊かさを守ろう」では、海洋プラスチックごみの大幅削減が求められています。詳しくは、テーマ⑮で解説しています。

産業界での循環型社会への機運を醸成していく。

第三は、食品ロス問題である。現在、日本における1年間の**食品ロス**は、約600万トン以上である。このような食品ロスは、大量の食べ物が無駄になるだけでなく、残った食品は可燃ごみとなるため、大量の温室効果ガスを排出してしまい地球温暖化の原因にもなっている。こうしたなか、政府は2030年までに食品ロスを半減するという目標を立てている。そこで、地域で余った食品を集めて、食料に困っている人に配布していくフードバンク活動を後押ししていく。例えば、フードバンク団体の人件費や、倉庫・配送車の費用を補助したり、フードバンク団体と食品企業とのマッチングを支援するなど、地域で余った食品を、地域で有効に利用するためのネットワークづくりに取り組んでいく。

SDGs 目標 12「つくる責任 つかう責任」では、食品ロスの削減が求められています。詳しくは、テーマ⑯で解説しています。

ブロック④

以上を踏まえて、地球温暖化、海洋汚染、食糧問題などの環境問題に対して、一人一人が当事者意識を持ち、生活や経済活動での行動変容が重要になる。そのためには、「持続可能な地球環境」の**ビジョンを共有**しながら、企業や教育機関、地域社会など様々な主体と連携して取り組んでいく。

自治体だけでの取組では、大きな効果は期待できません。地域の未来の「ビジョン」を多くの人と共有しながら、連携して取り組むことで大きな効果が生まれます。

1329字

MEMO

ヤングケアラー問題

問題 ヤングケアラーの現状を踏まえた上で、特別区の職員としてどのように取り組むべきか、あなたの考えを論じなさい。

▶ 重要ワード

ヤングケアラー、ひとり親世帯、子どもが子どもでいられる街、啓発活動、ヤングケアラーコーディネーター

▶ 答案メモ

ブロック①

- ヤングケアラーの**定義・現状**
- ヤングケアラーの**背景**
- ヤングケアラーである子どもへの**影響**

ブロック②

- 「**子どもが子どもでいられる街**」の実現に向けて取組んでいく。

ブロック③

- 第一は、**ヤングケアラーの実態調査**である。
- 第二は、**ヤングケアラーの広報啓発**である。
- 第三は、**ヤングケアラーを支援する体制の整備**である。

ブロック④

- 「**子どもが子どもでいられる街**」のビジョンを共有しながら、国や教育機関、支援団体や区民など様々な主体と協働して取り組んでいく。

合格記載例

ブロック①

ヤングケアラーとは、本来、大人が担う家事や家族のケアなどを日常的に行っている子どものことをいう。調査によると、全国の中学２年生の約17人に１人がヤングケアラーである。ヤングケアラーの背景には、高齢化による介護需要の急増や、ひとり親世帯の増加によって家庭内にケアを担える大人がいなくなり、子どもが引き受けているケースがある。そして、ヤングケアラーである子どもへの影響は、学習時間が減って学力が低下したり、友人と遊ぶ時間が失われてしまうなど、子どもが学び育っていく時間が**犠牲**となっている。そのため、ヤングケアラーの支援体制の整備は喫緊の課題である。

ヤングケアラーは、本当なら享受できたはずの、勉強に励む時間、部活に打ち込む時間、将来に思いを巡らせる時間、友人との他愛ない時間など、これらの「子どもとしての時間」と引き換えに、家事や家族の世話をしています。

ブロック②

このような状況のもと、全国的にヤングケアラーの支援に向けた取組が始められているが、まだまだ支援体制が充実しているとはいえない。そこで特別区として、「子どもが子どもでいられる街」の実現に向けて取り組んでいく。以下、具体的に述べる。

ブロック③

第一に、ヤングケアラーの実態調査である。ヤングケアラーは、家族のケアが日常化し、自分自身がヤングケアラーであるという自覚がないケースもあり、**問題が潜在化**してしまう傾向がある。そこで、まずは区の実情を把握するために実態調査を行う。例として、練馬区では、小中学校の児童や教員を対象に、ヤングケアラーについて無記名式でのアンケート調査を行っている。また、江戸川区では、特別区で初めて、区立中学校の全生徒に個別面接を行うことでヤングケアラーの実態調査を行っている。このように、実態調査を行うことで、ヤングケアラーを支援するための基礎資料を収集していく。

子どもに関わる様々な生活問題は、家庭内での問題であるため周りに相談しづらいケース、誰に相談すればよいのか分からないケース、その生活環境が日常化してしまい「当たり前」だと思ってしまうケースなど、あらゆる要因によって「潜在化」してしまう傾向があります。

第二に、ヤングケアラーの広報啓発である。現在、ヤングケアラー問題へ社会の関心が高まっているが、ヤングケアラーの支援体制を強化していくためには、より多くの人々に認知してもらうことが重要である。例として、世田谷区では、ヤングケアラーを知るためのユーチューブ動画による啓発活動に取り組んでいる。また、東京都は学校教職員向けにデジタルリーフレットを作成し、支援が必要なヤングケアラーをいち早く支援機関へつなげることができるように解説をしている。このように、ヤングケアラーについて問題意識を持ってもらえるように啓発活動に取り組んでいく。

第三は、ヤングケアラーを支援する体制の整備である。ヤングケアラーの支援には、障がい者福祉、高齢者福祉、医療、保健などの機関や、学校や教育委員会などの教育機関も関係するため、その調整が難しいという**課題**がある。ここで、神戸市は、全国で初めてヤングケアラー問題に特化した部署を設けている。そこで、特別区でも、ヤングケアラー支援を一元的に行う部署の設置を検討していく。さらに、関係機関の連携を強化する専門家として、ヤングケアラーコーディネーターの配置を進めるなど、ヤングケアラーを支援するための環境を整備していく。

ヤングケアラー問題には、多くの機関が関係してくるため、その関係機関同士の調整が難しいといった課題があります。

ブロック④

以上を踏まえて、ヤングケアラーを支援するネットワークの拡大に取り組んでいく。そのためには、「子どもが子どもでいられる街」の**ビジョンを共有**しながら、国や教育機関、支援団体や区民など様々な主体と協働して取り組んでいく。

自治体だけでの取組では、大きな効果は期待できません。ヤングケアラーの支援に向けた「ビジョン」を多くの人と共有しながら、連携して取り組むことが重要です。

1290字

このテーマのポイント

①「ヤングケアラー」について

- **ヤングケアラー**とは、大人が担う家事や家族のケアなどを日常的に行っている子どものことをいう。ヤングケアラーが担っているのは、幼い弟妹の世話、祖父母の介護、障がいを抱える家族の介護、料理や洗濯など家事全般など多岐にわたる。

- **ヤングケアラー**は子どもとしての時間と引き換えに、**年齢に見合わない重い負担**を負いながら家事や家族のケアをしている。

- 調査によると、「**世話をしている家族がいる**」と回答したのは、小学６年生で**6.5**%、中学２年生で**5.7**%、全日制高校２年生で**4.1**%、大学３年生で**10.2**%である。

- 調査によると、**自治体**（要保護児童対策地域協議会を設置している）において、「**ヤングケアラーに関する取組**」について「**特にしていない**」が「**84.7**%」となっている。

- 調査によると、「**ヤングケアラーである可能性を早期に確認する上での課題**」について、「家族内のことで問題が表に出にくく、子どものヤングケアラーとしての状況の把握が難しい」が「**67.2**%」と最も高く、**問題が潜在化**している状況が推測される。

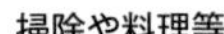

障害や病気のある家族に代わり、買い物・料理・掃除などの家事をしている

兄弟の世話

家族に代わり、幼いきょうだいの世話をしている

アルバイト・労働

家計を支えるために労働をして、障害や病気のある家族を助けている

看病・介護

がんなど慢性的な病気のある家族を看病している

中学２年生	約 17 人に１人（5.7%）	全日制高校２年生	約 24 人に１人（4.1%）
小学６年生	約 15 人に１人（6.5%）	大学３年生	約 10 人に１人（10.2%）

②「ヤングケアラー問題」について

- 「**ヤングケアラー問題の背景**」は、高齢化の進行による**介護需要の急増**や、**ひとり親世帯の増加**により、家庭内にケアを担える大人がおらず、必然的に子どもが引き受けているケースが多い。

- 「**ヤングケアラーへの影響**」は、放課後に友人と遊ぶ時間が失われて**孤立**したり、勉強に時間が割けず**成績が低下**したり、遅刻早退が増えて授業に集中できないなど、**学校生活**に**支障**が出てしまう。また、家事や手伝いに追われて、睡眠不足や体調不良になったり、負担の大きさから、心の不調を招くなど健康にも問題を抱える場合もある。

③「ヤングケアラーの支援」本書の構成

- まず、**ヤングケアラー**の実情を**把握**するために、子どもや教員などからアンケートを取ったり、子どもと面談を実施するなど、**実態調査**を行うことで支援のための**基礎資料**を収集していく。

- 次に、パンフレットや YouTube 動画を通じて、**ヤングケアラー問題**について**啓発活動**を行うことで、社会全体にヤングケアラーについて**問題意識**を持ってもらえるように取り組んでいく。

- **ヤングケアラーの支援**は福祉・医療保健・教育と多機関にまたがっており、これらの**関係機関同士**の**調整**が**課題**となっている。そこで、今後は、「ヤングケアラー支援を一元的に行う部署の設置」や「専門家であるヤングケアラーコーディネーターの配置」を検討していくなど、ヤングケアラーを支援するための環境整備が重要になる。

④「ヤングケアラーコーディネーター」とは

- **ヤングケアラーコーディネーター**とは、地域における関係機関等からのヤングケアラーに関する相談に対し、ヤングケアラーの家庭の状況に応じて助言を行い、関係機関等との連携して、福祉サービスや就労支援サービスなどの支援につなぐ**役割**を担っている。もっとも、設置している自治体はまだ多いとはいえない。

取組事例

▶ヤングケアラー実態調査［練馬区］

練馬区は、**ヤングケアラーを早期に発見**し、適切な支援をするために、**実態調査**を行っている。小中学生だけでなく、教員や民生委員なども対象として実施している。

▶せたがやホッと子どもサポート［世田谷区］

世田谷区は、ヤングケアラーが、困ったとき、つらい・イヤだと感じたとき等に電話やメールで無料相談できる「**せたホッと**」を設置している。

▶教職員向けデジタルリーフレット［東京都］

東京都は、学校が、支援を必要とする子どもを福祉等の関係機関に確実につなげられるようにするため、**教職員向けデジタルリーフレット**を作成し配布している。

▶ヤングケアラーオンラインサロン［埼玉県］

埼玉県は、同年代のヤングケアラーが集まり、気軽に悩みや不安などを話すことができる**オンラインイベント**を開催している。

▶ヤングケアラーSOS［高崎市］

高崎市は、市内在住の小学生・中学生・高校生のヤングケアラーに代わって家事や介護等を行う**サポーターを無料で派遣**し、ヤングケアラーの負担軽減を目的としたサービスを提供している。

子どもの貧困問題

問題 子どもの貧困の現状を踏まえた上で、取り組むべき施策について述べなさい。

▶ 重要ワード

子どもの貧困、相対的貧困率、貧困の連鎖、子ども食堂、ひとり親世帯、非正規雇用、就労支援、学習支援、放課後学習支援

▶ 答案メモ

ブロック①

- 子どもの貧困の**現状**（相対的貧困率）
- 子どもの貧困の**問題点**（貧困問題の潜在化）
- 子どもの貧困の**背景**（貧困の連鎖）

ブロック②

- **貧困の連鎖を断ち切り、「全ての子どもが夢や希望を持てる社会」**の実現に向けて取り組んでいく。

ブロック③

- 第一は、**家庭への生活支援**である。
- 第二は、**親への就労支援**である。
- 第三は、**子どもへの学習支援**である。

ブロック④

- 「**全ての子どもが夢や希望を持てる社会**」のビジョンを共有しながら、国や教育機関、支援団体や地域住民など様々な主体と協働して取り組んでいく。

合格記載例

ブロック①

日本における「子どもの貧困」とは相対的貧困のことを指し、政府の調査では、日本の子どもの相対的貧困率は約12％と高い水準にある。しかし、貧困家庭の親や子どもが、周囲の目を気にして支援を求めないケースも多く、貧困問題は**潜在化**している。また、貧困の**背景**には、貧困環境が次の世代の貧困を生み出す「貧困の連鎖」が存在しており、貧困の解消は喫緊の課題である。

ブロック②

このような状況のもと、子どもの貧困問題を解消するためには、政府と自治体による支援体制の強化や、支援ネットワークの拡大が必要不可欠である。そこで、貧困の連鎖を断ち切り、「全ての子どもが夢や希望を持てる社会」の実現に向けて取り組んでいく。以下、具体的に述べる。

ブロック③

第一は、家庭への生活支援である。子どもの日々の食事は、健康な成長のために欠かすことができない。しかし、現在、貧困により十分な食事が取れていない子ども達が増えている。そこで、無料や低額で食事を提供する「子ども食堂」の普及に取り組んでいく。ここで、子ども食堂の普及には、運営費やスタッフを確保するのが難しいという課題がある。そこで、地域ボランティアを発掘したり、**フードバンク**のネットワークを拡大していくなど、子どもの生活支援に向けた取組を後押ししていく。

第二は、親への就労支援である。政府の調査によると、ひとり親世帯の相対的貧困率は約5割と高い水準にある。ひとり親世帯は、仕事と子育てを親1人で行わなければならず、さらに、親の**非正規雇用**の割合が高いことから厳しい生活状況にある。そこで、ひとり親世帯の親に対する**就労支援体制**を強化していく。具体的には、ひとり親に対してきめ細やかな就職相談を行い、就職に直接結びつく就業支援講習会を開催していく。また、地域の協賛企業を開拓したり、ひとり親を採用した企業に対して助成金を給付するなど、ひとり親世帯の就労支援を推進していく。

第三は、子どもへの学習支援である。子どもが十分な教育を受けることができなければ、貧困の連鎖を断ち切ることができない。そこで、退職した教員、地域の大学生、塾

子どもに関わる様々な生活問題は、家庭内での問題であるため周りに相談しづらいケース、誰に相談すればよいのか分からないケース、その生活環境が日常化してしまい「当たり前」だと思ってしまうケースなど、あらゆる要因によって「潜在化」してしまう傾向があります。

子どもの貧困問題を、「子どもの一時的な貧困状態」と捉えるのではなく、「家庭レベルでの貧困の連鎖」という視野で捉えることで、ブロック③での取組につながります。具体的には、①子どもの食事 ➡「食事などの生活支援」、②ひとり親の非正規雇用率の高さ ➡「親に対する就労支援」、③子どもの教育 ➡「学習支援」となります。

フードバンクについては、テーマ⑯で解説しています。

正社員以外の雇用形態のこと。例えば、パート・アルバイト・派遣などが挙げられる。一般的に正規雇用と比較して、労働条件が不安定であり、給与も低い水準になりやすい。

母子家庭等就業・自立支援センター事業のことです。

の講師、NPO法人などと連携して、放課後学習支援を進めていく。例えば、学校の空き教室を活用した授業や、タブレットを活用したオンライン授業など、多様な学習機会を提供することで、学習の習慣化や自己肯定感の向上に取り組んでいく。ここで、学習支援には、財源や人員の確保という課題があるため、教育機関や地域のボランティアとの連携を強化しながら取り組んでいく。

ブロック④

以上を踏まえて、政府と自治体による支援体制の強化や、支援ネットワークの拡大に取り組んでいく。そのためには、「全ての子どもが夢や希望を持てる社会」の**ビジョンを共有**しながら、国や教育機関、支援団体や地域住民など様々な主体と協働して取り組んでいく。

1151字

自治体だけでの取組では、大きな効果は期待できません。子どもの支援に向けた「ビジョン」を多くの人と共有しながら、協働して取り組むことが重要です。

このテーマのポイント

①「子どもの貧困」について

- **子どもの貧困**とは、子どもが、栄養バランスのある食事を取れなかったり、子どもの能力に応じた教育が受けられない状況のことをいう。

- 貧困には「**相対的貧困**」と「**絶対的貧困**」の２種類があり、「**相対的貧困**」はその国の水準の中で貧しい状態のことである（国の等価可処分所得の中央値の半分に満たない世帯のこと）。

相対的貧困
その国の文化水準や生活水準と比較して困窮した状態のこと

絶対的貧困
衣食住などが必要最低水準に満たず命の危険があるほどの経済状態のこと

- 政府の調査によると、日本の子どもの**貧困率**は**11.5%**となっている。**ひとり親世帯**の場合は**44.5%**となり、**ひとり親世帯**の**約半分**は**貧困状態**ということになる。

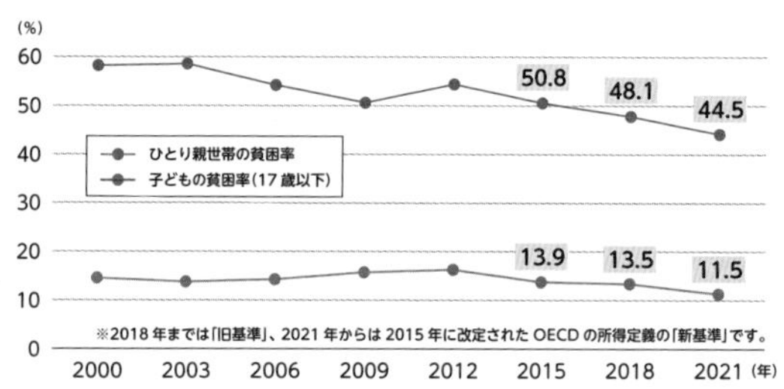

- **子どもの貧困**とは、すなわち**家庭の貧困**であり、これを解消するためには「**貧困の連鎖**」を**断ち切ること**が重要である。

- **貧困の連鎖**とは、①親の収入が少なく子どもが十分な教育を受けることができない。②子どもの進学・就職のチャンスが乏しくなる。③収入の確保が困難になる。④その結果、大人になっても貧困になり、その子ども世代も貧困になるというものである。

②「子ども食堂」とは

- 子ども食堂は、子どもが一人でも行くことのできる**無料**または**低額**の食堂であり、子どもへの**食事の提供**、**孤食の解消**、**食育**、さらには**地域交流の場**などの役割を果たしている。

- 子ども食堂を**運営**しているのは、NPO 法人や民間団体、住民ボランティアによるものが多い。今後、子ども食堂を普及させていくためには、**食料**の調達や、**会場**、**運営費**、**スタッフ**の確保が難しいという**課題**がある。そこで、**行政**によるサポートや、**地域ボランティア**の発掘、**フードバンク**の拡充などが求められる。

子ども食堂全国箇所数（2022 年度）

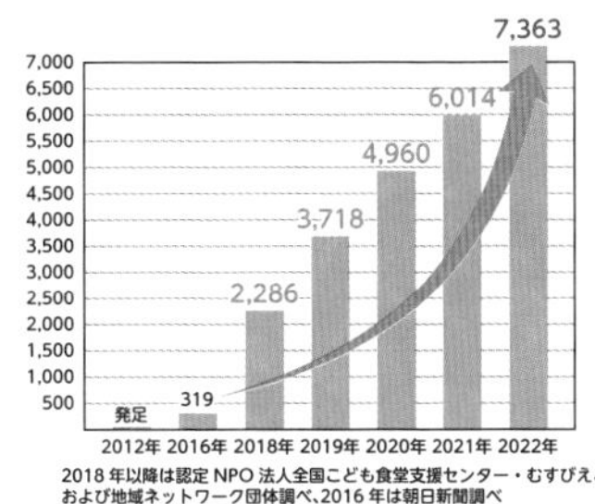

2018 年以降は認定 NPO 法人全国こども食堂支援センター・むすびえ、および地域ネットワーク団体調べ、2016 年は朝日新聞調べ

子ども食堂の役割

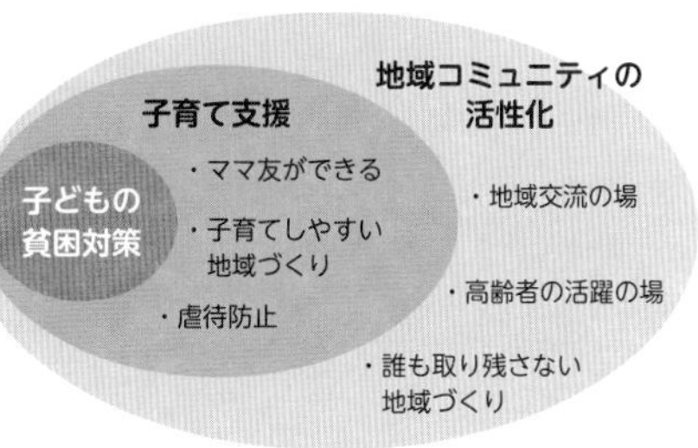

フードバンクはテーマ⑯
地域コミュニティはテーマ⑪
子育て支援はテーマ②
児童虐待問題はテーマ⑳

こども食堂全国箇所数調査結果

③「就労支援体制」とは

- **子ども家庭庁**が行っている「**母子家庭等就業・自立支援センター事業**」のことであり、都道府県・指定都市・中核市が主体となり、母子家庭の母等に対して、**就業相談**から**就業支援講習会**の実施、**就業情報の提供**など一貫した**就業支援サービス**の提供を行っている。

こども家庭庁
母子家庭等就業・自立支援センター事業

取組事例

▶ 子ども食堂支援

全国こども食堂支援センター・むすびえは、こども食堂の支援を通じて、誰も取りこぼさない社会づくり行っている。

▶ 子供食堂スタートブック［東京都］

東京都では、都内で子供食堂を始めようと考えている人に向けて、開催場所や必要な手続きなど、立ち上げに必要なポイントや、実際の子供食堂の事例を紹介する「**子供食堂スタートブック**」を作成している。

▶ あだち子どもの未来応援基金［足立区］

足立区は、子どもの貧困対策のために、あだち子どもの未来応援基金を創設し、そこで得た寄附を食の確保、経験・体験機会の提供、就労支援など幅広く活用している。

▶ エンジョイセレクト事業［港区］

港区は、低所得子育て世帯のために、食料品や日用品が選べるカタログを送付し、利用者が生活のために必要なものを選択し、毎月配送している。

▶ わくわく地域未来塾［明石市］

明石市は、子どもの学習が遅れないようにするために、小学校３年生を対象に、ボランティア学習支援員が算数と国語を教える学習教室を開いている。

児童虐待問題

問題 児童虐待問題の現状を踏まえた上で、取り組むべき施策について述べなさい。

▶ 重要ワード

児童虐待、児童相談所、児童虐待防止の推進月間、子育てサロン、189（いちはやく）、虐待のサイン

▶ 答案メモ

ブロック①

- 児童虐待の**現状**（児童虐待の相談件数）
- 児童虐待の**問題点**（虐待問題の潜在化）

ブロック②

- 子どもを虐待から守り、「**子どもの虐待ゼロ社会**」の実現に向けて取り組んでいく。

ブロック③

- 第一は、**虐待防止の啓発**である。
- 第二は、**虐待の予防**である。
- 第三は、**虐待の早期発見**である。

ブロック④

- 「**子どもの虐待ゼロ社会**」のビジョンを共有しながら、国や教育機関、支援団体や地域住民など様々な主体と協働して取り組んでいく。

合格記載例

ブロック①

現在、児童相談所での児童虐待の相談件数は21万件を超えて過去最多となっており、今もなお痛ましい虐待事件が後を絶たない。また、虐待は家庭内で起きるためその発見が難しく、さらに、子どもは、親からの虐待を周りの大人に伝えたり、自分で助けを求めることが難しいため、虐待問題は**潜在化**してしまう傾向があり、児童虐待の防止は喫緊の課題である。

子どもに関わる様々な生活問題は、家庭内での問題であるため周りに相談しづらいケース、誰に相談すればよいのか分からないケース、その生活環境が日常化してしまい「当たり前」だと思ってしまうケースなど、あらゆる要因によって「潜在化」してしまう傾向があります。

ブロック②

このような状況のもと、児童虐待を防ぐためには、政府と自治体による支援体制の強化や、子どもを虐待から守るネットワークの拡大が必要不可欠である。そこで、子どもを虐待から守り、「子どもの虐待ゼロ社会」の実現に向けて取り組んでいく。以下、具体的に述べる。

ブロック③

第一は、虐待防止の啓発である。政府は、毎年11月を児童虐待防止の推進月間としており、家庭や学校、地域社会に向けて虐待防止のための広報活動に取り組んでいる。そこで、ポスター、リーフレット、啓発動画などで、多くの市民に虐待を身近な問題として考えてもらうための啓発活動を進めていく。また、地域の学生達と連携して、学園祭などで虐待防止の啓発活動を行ってもらうなど、将来、親となる若い世代に対する啓発活動にも取り組んでいく。

第二は、虐待の予防である。核家族化の進行により、子育てについて身近に相談できる人や、困ったときに頼れる人が減っている。その結果、子育ての悩みを一人で抱え込んでしまい虐待に至ってしまうケースが増えている。そこで、地域での子育てコミュニティづくりとして、**子育てサロン**を開催していく。子育てサロンでは、子どもの遊び場を通して、親同士の交流からママ友など仲間を作ったり、気軽にボランティアスタッフに相談ができる。このように、子育ての悩みを共有したり、解消することで虐待の予防に取り組んでいく。

子育てサロンは、テーマ⑪の地域コミュニティの活性化でも触れている内容です。参考にしてみてください。

第三は、虐待の早期発見である。虐待は家庭内で起きるため、その発見が難しく周りの大人の協力が不可欠である。そこで、児童の不自然な外傷、泣き叫ぶ声など、虐待の疑いを発見したら、迅速に「189(いちはやく)」に通告することを広く認知していく。また、子どもに接する職にある、保育士、教員、医師、看護師、ソーシャルワーカーなどは、**虐待のサイン**を早期に発見しやすい立場にある。そこで、虐待のサインである、不自然なケガや表情、不自然な説明など「不自然さ」を早期に気づいてもらえるよう、研修プログラムを実施していく。

ブロック④

　以上を踏まえて、政府と自治体による支援体制の強化や、子どもを虐待から守るネットワークの拡大に取り組んでいく。そのためには、「子どもの虐待ゼロ社会」の**ビジョンを共有**しながら、国や教育機関、支援団体や地域住民など様々な主体と協働して取り組んでいく。

1104字

子どもに接する職にある大人が、子どもの「不自然さ」に気づくことは、虐待の早期発見の糸口です。

自治体だけでの取組では、大きな効果は期待できません。子どもを虐待から守るための「ビジョン」を多くの人と共有しながら、協働して取り組むことが重要です。

このテーマのポイント

①「児童虐待」とは

- 児童虐待は保護者が18歳未満の子どもに対して行う虐待であり、「**身体的虐待**」「**性的虐待**」「**ネグレクト**」「**心理的虐待**」の4種類に分類されている。

心理的虐待	身体的虐待	ネグレクト	性的虐待
●言葉で脅す ●無視する ●兄弟間で著しく差別的に扱う ●子どもの目の前で家族に暴力…等	●殴る、蹴る、叩く ●投げ落とす ●激しく揺さぶる ●やけどを負わせる ●溺れさせる…等	●家に閉じ込める ●食事を与えない ●ひどく不潔にする ●病気になっても病院に連れていかない…等	●子どもに性的行為を求める ●性的行為を見せる ●性器を触る、触らせる…等

- 児童相談所における児童虐待相談対応件数は、2020年度に初めて20万件を超え、2022年度は、**21万9170件**と**過去最多**を更新した。

- 2022年度の児童虐待を種類別にみると「**心理的虐待**（59.1%）」が最も多く、次いで「**身体的虐待**（23.6%）」「**ネグレクト**（16.2%）」「**性的虐待**（1.1%）」の順になっている。

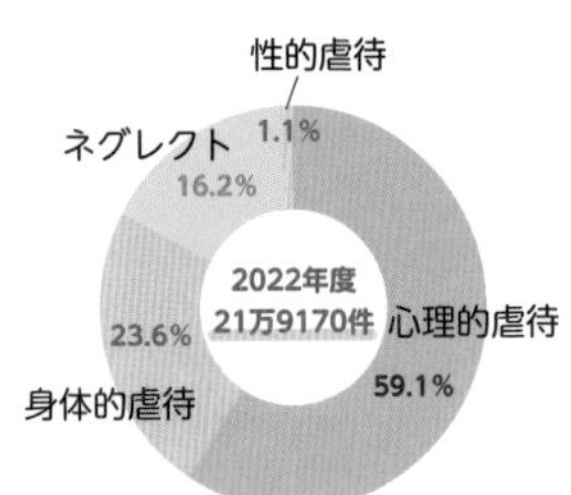

②「児童虐待防止の推進月間」とは

- こども家庭庁は、**毎年11月**に「**オレンジリボン・児童虐待防止推進キャンペーン**」を実施し、家庭や学校、地域等の社会全般にわたり、児童虐待防止のための広報・啓発活動など種々な取組を集中的に実施している。

③「オレンジリボン運動」とは

- オレンジリボン運動は、子ども虐待のない社会の実現を目指す市民運動である。オレンジリボンは、そのシンボルマークであり、オレンジ色は子どもたちの明るい未来を表している。オレンジリボン運動では、子どもの虐待について正しい情報を発信したり、寄付での支援を受け付けたり、イベントやセミナーなどでの啓発ツール（パンフレット・チラシ・ポスター）を配布している。

④「児童相談所」とは

- 「**児童相談所**」とは、児童福祉法に基づいて設置された**行政機関**である。すべての子ども（18歳未満）が心身ともに健やかに育ち、その持てる力を最大限に発揮できるように家族を援助し、ともに考えながら問題を解決していく専門の**相談機関**である。

- 児童相談所は、**虐待が疑われる場合**には、子どもの安全を守るために「**一時保護**」（親から離す）を行うこともある。さらに、虐待や家庭の問題を解決するために時間がかかってしまう場合は、里親や児童養護施設等への「**入所措置**」を行う場合もある。

- 近年、虐待死などの悲惨な事件が発生し、児童相談所の**対応力の課題**が浮き彫りになった。そこで現在、児童虐待が発生した場合に、迅速かつ的確な対応を行うために、**①児童相談所の体制強化**、**②児童相談所の設置促進**が進められている。

- 「**虐待かも？**」と思った時などは、児童相談所虐待対応ダイヤル「**189（いちはやく）**」に電話をすると、近くの児童相談所につながる。相談は匿名で行うこともでき、相談をした人・相談内容の秘密は守られる。

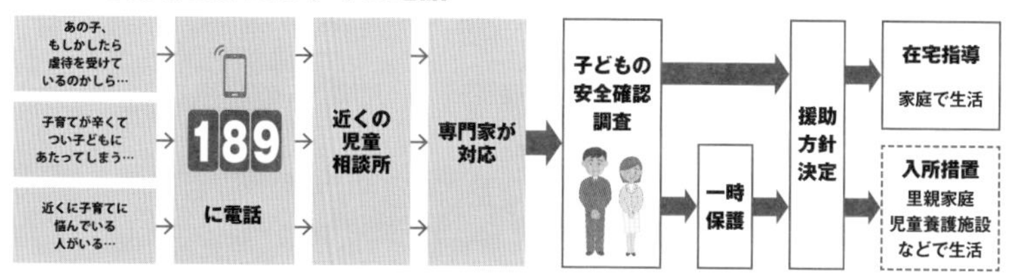

取組事例

▶ 親子のための相談 LINE［子ども家庭庁］

子ども家庭庁では、子育てや親子関係に悩む 18 歳未満の子どもとその保護者のために、**LINE での相談窓口**を開いている。匿名かつ相談内容の秘密も守られるため、気軽に相談することができる。

▶「通話音声分析・モニタリングシステム」［江戸川区］

江戸川区は、AI を活用して、通話音声の相談内容をテキスト化し、通話者以外の職員にも共有される仕組みを導入した。また「虐待」などの一定のワードを検知するとアラートが表示され、即座に組織的な対応が可能となっている。また、通告時の虐待リスク評価を予測できる「**リスクアセスメント支援システム**」の構築も併せて進めている。

▶ 子どもなんでも相談［板橋区］

板橋区は、18 歳未満の子どもとその保護者のために、365 日 24 時間、気軽に電話相談できる窓口を設置して、児童虐待の早期発見に取り組んでいる。

▶「地域で見守る みんなの子」［練馬区］

練馬区は、虐待から子どもを守る**地域のネットワークづくり**を通して、児童虐待の防止と早期発見に取り組んでいる。

▶ 常設子育てサロン［札幌市］

札幌市は、子どもとその保護者のために、週 3 回以上かつ 5 時間以上の**常設子育てサロン**を実施し、子育てに関する相談の対応、情報提供や定期的に講習などを行っている。

子どもの自殺問題

問題 子どもの自殺の現状を踏まえた上で、特別区の職員としてどのように取り組むべきか、あなたの考えを論じなさい。

▶ 重要ワード

子どもの自殺、児童生徒の自殺、SOS の出し方に関する教育、スクールカウンセラー、スクールソーシャルワーカー、学校保健師、自殺のサイン、ゲートキーパー

▶ 答案メモ

ブロック①

- 子どもの自殺の**現状**
- 子どもの自殺の**原因**（動機）

ブロック②

- 特別区、学校、教育委員会、支援機関がそれぞれの立場で連携しながら「**子どもの自殺ゼロ社会**」の実現に向けて取り組んでいく。

ブロック③

- 第一は、**SOS の出し方に関する教育**である。
- 第二は、**自殺防止のためのネットワーク強化**である。

ブロック④

- 「**子どもの自殺ゼロ社会**」のビジョンを共有しながら、国や教育機関、支援団体や区民など様々な主体と協働して取り組んでいく。

合格記載例

ブロック①

　現在、日本での自殺者数は減少傾向であるが、自殺死亡率は主要先進国の中で高い水準である。なかでも、2022年における小・中・高校生の自殺者数は400人を超えている状況である。児童生徒の自殺の原因は、家庭問題、学校問題、健康問題などが挙げられるが、原因が不詳の場合や、複数の要因が複雑に合わさっているケースもある。また、ささいな動機でも衝動的に死を選んでしまうケースや、悩みを一人で抱え込んでしまい死を決断してしまうケースもある。言い換えると、周囲の大人が寄り添うことで、未然に防ぐことができる**場合**が多く、子どもの自殺防止は喫緊の課題である。

子どもの自殺は、周りの大人によって未然に防ぐことができる場合が多いことから、ブロック③での取組が重要となってきます。

ブロック②

　このような状況のもと、特別区、学校、教育委員会、支援機関がそれぞれの立場で連携しながら、「子どもの自殺ゼロ社会」の実現に向けて取り組んでいく。以下、具体的に論じる。

ブロック③

　第一に、SOSの出し方に関する教育である。東京都では、子ども達の発達段階に応じて「SOSの出し方に関する教育」を推進している。例えば、自殺行動に至った児童生徒への聞き取り調査では、抱えている悩みの相談先を知らないケースや、そもそも、自分が相談をしたら迷惑をかけると思い込んでいるケースが多いという。そこで、児童生徒に、「いざとなれば周りの人は助けてくれる」や「相談先や支援方法はたくさんある」ことを理解してもらい、危機的な状況でのSOSの出し方を身に付けてもらう。さらに、児童生徒からの相談には、親からの虐待や、先生からの嫌がらせなど、保護者や教員に**相談しづらい内容**もある。そこで、スクールカウンセラー、スクールソーシャルワーカー、学校保健師など、第三者の立場で関わる専門家と連携してSOSを出せる体制づくりに取り組んでいく。

自殺の原因には、前述のように、複数の要因が複雑に合わさっているケースがあります。そこで、子どもがSOSを出しやすいように、いろんな大人が関わっていく必要があります。

　第二に、自殺防止のためのネットワーク強化である。児童生徒の自殺には、事前に自殺のサインがある場合が多い。例えば、「死にたい」「生きているのが嫌になった」などの直接的なサインもあれば、「学校をやめたい」といった間接的なサインや、また、外出を避けたり、周囲に対して無関心になるというサインがある。そこで、児童生徒の**自殺のサイン**に気づき、声をかけ、傾聴し、必要な支援につなげるゲートキーパーの普及促進に取り組んでいく。例えば、杉並区では、「出張ゲートキーパー養成講座」を開催しており、専門講師から、無料でゲートキーパーについて学ぶことができる。そこで、子どもに関係する教員、学校保健師、看護師、警察官、住民などからゲートキーパーを募集し、オンライン定例会でゲートキーパーの養成研修を行うなど、自殺防止に向けたネットワークを拡大していく。

政府の調査によると、8月、9月などの、夏休み明けの時期には児童・生徒の自殺が増える傾向があります。このような時期には、自殺のサインを注意深く観察する必要があります。

ブロック④

以上を踏まえて、子どもを自殺から守るネットワークの拡大に取り組んでいく。そのためには、「子どもの自殺ゼロ社会」の**ビジョンを共有**しながら、国や教育機関、支援団体や区民など様々な主体と協働して取り組んでいく。

1168字

自治体だけでの取組では、大きな効果は期待できません。子どもを自殺から守るための「ビジョン」を多くの人と共有しながら、協働して取り組むことが重要です。

このテーマのポイント

① 子どもの自殺の現状・原因

児童生徒の自殺の現状

- 現在、日本での自殺者数は**減少傾向**であるが、自殺死亡率は**主要先進国の中で最も高い水準**である。また、2022 年における小・中・高校から報告のあった自殺した児童生徒数は **411 人**（文部科学省発表）である。

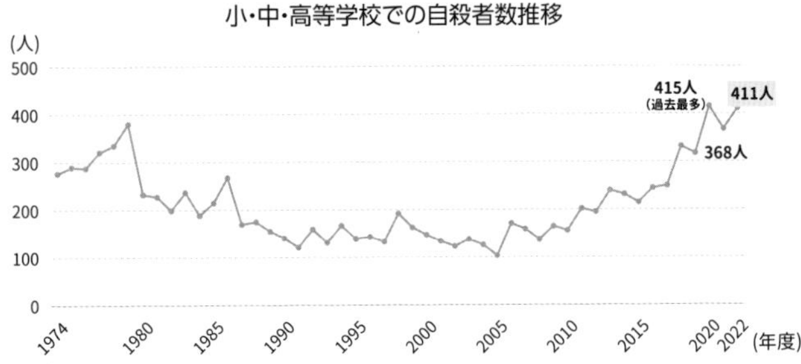

児童生徒の自殺の原因

- 児童生徒の自殺の原因は、小学生では「**家庭問題**」、中学生では「**学校問題**」、高校生では男子は「**学校問題**」、女子は「**健康問題**」の割合が多い。しかし、自殺原因が不詳の場合も多く、また、複数の要因が複雑に合わさって生じているケースもある。

児童生徒の自殺防止に向けた取組の方向性（本書の構成）

- 児童生徒は、大人からみるとささいな動機でも衝動的に死を選んでしまうケースや、周りの大人に相談をすれば助けてもらえることでも、一人で悩みを抱え込んでしまい死を決断してしまうケースがある。

- そこで、児童生徒に「**SOS の出し方に関する教育**」を推進していくことで、周りの大人に対して **SOS を出しやすい環境**をつくっていく。他方、周囲の大人は、この **SOS** や**自殺のサイン**に気付いて寄り添い、必要な支援につなげることができるように、基本的な知識や対応方法を学んでいく。

- このように、児童生徒の自殺防止のための**ネットワーク**を**拡大**していくが重要である。

②「SOS の出し方に関する教育」とは

- SOSの出し方に関する教育とは、子どもが、**危機的状況**に対応するために、身近にいる信頼できる大人に**SOS**を出すことや、身近にいる大人がそれを受け止め、支援ができるようにすることを目的とした教育のこと。

- **SOS の出し方に関する教育**では、DVD 教材やロールプレイングなどで、身近にいる信頼できる大人に相談することや、悩みを持つ友人に傾聴することなどを学習する。また、様々な相談ルートを知ってもらうことで、「いざとなれば周りの人は助けてくれる」や「困ったときの相談先や支援策はたくさんある」など、SOS を出すことにポジティブなイメージを持ってもらう。

SOS の出し方に関する教育

③「スクールカウンセラー」「スクールソーシャルワーカー」とは

- **スクールカウンセラー**は、児童・生徒の生活上の問題や悩みの相談に応じたり、教員や保護者に対して助言等を行うために学校に配置される専門家のこと。**児童生徒や保護者とのカウンセリングを通して心のケアを行う。**

- **スクールソーシャルワーカー**は、いじめ、不登校、虐待など、子どもに関わる問題解決のために学校に配置される専門家のこと。学校、医療機関、地域、家族など、**児童生徒を取り巻く環境に働きかけながら子どもをサポート**する。

④「ゲートキーパー」とは

- 「ゲートキーパー」とは、自殺の危険を示す**サイン**に気づき、**適切な対応**（悩んでいる人に気づき、声をかけ、話を聞いて、必要な支援につなげ、見守る）をとることができる人のことで、言わば「**命の門番**」とも位置付けられる人のこと。

- 自殺総合対策大綱（平成 19 年閣議決定）で、重点施策の一つとして**ゲートキーパーの養成**を掲げ、医師、教職員、保健師、看護師、ケアマネージャー、民生委員、児童委員、各種相談窓口担当者など、関連するあらゆる分野の人に、ゲートキーパーとなってもらえるように研修等を行うことが規定されている。

取組事例

▶ゲートキーパーの養成［杉並区］

杉並区では、**ゲートキーパー**を増やすために、養成講座を開いている。自殺のサインを見つけたときに、どのように話を聞くのか、言葉をかけるのかといった寄り添い方を学ぶことができる。

▶自殺防止！東京キャンペーン［東京都］

東京都は、**毎年３月と９月**を自殺対策強化月間に設定し、啓発物の配布、街頭キャンペーン、都庁のライトアップなどを通して、重点的に特別相談や普及啓発に取り組んでいる。

▶子供の SOS 相談窓口［文部科学省］

文部科学省は、不安や悩みを抱える子どものために、電話や SNS で相談できる窓口や、女性専用の相談窓口を設けている。

▶あなたはひとりじゃない［内閣官房］

内閣官房 孤独・孤立対策担当室は、チャットボットの質問（年齢・悩みなど）についてチャット形式で答えていくだけで、その相談ができる窓口を教えてくれる。

▶ゲートキーパー養成研修［神奈川県］

神奈川県は、**ゲートキーパー養成**を重点施策として、県内市町村などで養成講座を開催している。研修内容は講義と演習から構成されており、受講者には「ゲートキーパー手帳」と「リボンバッジ」が配布される。

索引

【著者プロフィール】
川下裕史［かわしも・ゆうし／ゆうシ先生］
公務員試験予備校「公務員のライト」共同代表。
これまで大手予備校講師として、国家総合職対策をはじめ、中央大学学内講座、中央大学キャリア主催講座、公務員就職セミナー講師を歴任。実践型キャリアプログラムを構築し、現在は公務員のライト専任講師として多くの受験生を合格へ導く。著書『公務員教科書２週間完成 動画とアプリで学ぶ 論文・作文 全公務員試験対応』（翔泳社）、『最短最速で受かる！最強の時事』（Gakken）では Amazon ベストセラーを獲得。

【執筆協力】
増田海、小林里奈、宮下真凜

公務員試験教科書「論文本」2025 年度版

2024 年２月６日　初版第１刷発行

著者　川下裕史

発行　キャリアード合同会社
〒206-0042
東京都多摩市山王下1-5-10-401
TEL　050-1107-1247

発売　日販アイ・ピー・エス株式会社
〒113-0034　東京都文京区湯島1-3-4
TEL　03-5802-1859
FAX　03-5802-1891

印刷所　株式会社エデュプレス

ISBN978-4-911062-01-2　C0030

【お問い合わせ】
本の内容については、下記のお問い合わせページにてお問い合わせください。
https://senseikoumuin.com/otoiawase/